女人为婚之道

智慧爱，乐享好婚姻

崔晓久 / 著

woman just for marry

中国商业出版社

图书在版编目（CIP）数据

女人为婚之道：智慧爱，乐享好婚姻／崔晓久著
--北京：中国商业出版社，2015.12
（女人修炼之道系列；1）
ISBN 978-7-5044-9206-7

Ⅰ．①女… Ⅱ．①崔… Ⅲ．①女性－婚姻－通俗读物 Ⅳ．①C913.13-49

中国版本图书馆CIP数据核字（2015）第286659号

责任编辑：陈鹰翔

中国商业出版社出版发行
010-63180647　　www.c_cbook.com
（100053　北京广安门内报国寺1号）
新华书店总店北京发行所经销
北京中华儿女印刷厂印刷
＊
880×1230毫米　　32开　　8印张　　165千字
2016年1月第1版　　2016年1月第1次印刷
定价：32.80元
＊＊＊＊
（本书若有印装质量问题，请与发行部联系调换）

前言 / introdution

　　男人追求女人的时候，是男人最完美无瑕的时候，他就像灰太狼先生一样，无不第一时间出现，第一时间履行诺言，不仅言从计从，遇到红太狼那样爆脾气的女人，也能表现得无比宽容、大度、耐心、诚恳；及至到了婚后，男人反而成了懒羊羊，雷打不动，之前第一时间做的事总是拖到最后，甚至多数承诺都成了敷衍，并且渐渐地，女人们唱的歌从"最浪漫的事"变成了"爱上一个不回家的人"。

　　这样的场景令步入婚姻的女人们幸福感狂打七折。女人们觉得自己被骗了，于是，化身为"侦探"四处追寻自己的男人。然而，这样下去的结果只能是男人越跑越远，女人越来越觉得幸福渺茫。

　　如何不用千声呼唤，就能让男人乖乖回家，并且爱上回家？如何让男人像婚前一样粘上女人？如何让家庭三角形稳固如山？本书从婚后男女两性的心态差异，及现代婚姻的真相出发，为男人不回家悬丝号脉，破解婚姻难题，还女人一个温馨安全的暖调婚姻。

　　本书献给即将步入婚姻的女子，希望你的婚姻如同梦想中的一样芬芳；也献给广大在婚姻中苦苦守望、倚门而望的女人，希望能让你的男人回心转意；同时，也献给努力与丈夫沟通、却苦于不得其法的女人，希望你能摇身一变变成自己男人的知心人。

为了这样的目的，本书从分析男女之间婚前婚后关系的变化着手，重点研究了男人女人结婚前和结婚后的心态变化，揭示出现代婚姻的真谛。

本书分析了女人是怎样将男人一步步推离身边的，女人的痛心疾首、满脸泪痕为什么只在开始时起作用，到最后，反而让男人厌烦了？为什么女人的"苦心"男人总是不明白？到底是什么在夫妻之间划下鸿沟？男人们最讨厌女人说什么？男人最讨厌女人做什么？男人最喜欢什么样的家庭氛围？

在这本书中，所有问题都会一一得到解答，并且开出药方，让女人在家就能"对症下药"，找到你们之间的问题症结，解决自己和老公之间的沟通障碍，把男人的心留在家里，让自己的男人从此以后变成"恋家狂"。

读完这本书，按照书里的"指导"去做，你就会发现自己像被武林高手打通了情感的"任督二脉"，对付自己老公的"神功大成"，一跃成为"高情商者"。从此以后不再是你追着他跑，不需要重复你找不到老公天天疑神疑鬼的日子，而是老公离不开你，每天你都会向朋友同事抱怨"我家那位老粘着我，晚回家一会儿就无数个电话打过来，哎，没自由的日子真可怜！"你还会觉得日子回到新婚甜蜜期，每天温温馨馨，小日子美得蜜里调油。

女人，为了幸福的婚姻，还等什么，快快翻开本书吧！

目 录 / contents

第一章　有魅力的女人才能抓牢老公的心　/001
　　　　即使八十岁，也一样美丽　/002
　　　　有修养的女人宛如百合花　/006
　　　　将快乐带到婚姻中去　/010
　　　　婚后要主动调整自己的身份　/014
　　　　结婚后，温柔不可变　/018
　　　　心有多间房，老公只是一间　/022
　　　　拒做怨妇、泼妇、悍妇、长舌妇　/026
　　　　做让老公"担心"的磁场型老婆　/029
　　　　"不经意"流露的小小性感，会令男人大为着迷　/032
第二章　一个好女人就是男人进修的好学校　/037
　　　　男人需要被崇拜，女人需要被宠爱　/038
　　　　优秀的男人是女人欣赏出来的　/042
　　　　提升男人责任感不可不知的八大法则　/045
　　　　你什么都不会他才有动力什么都会　/050

　　　　老公不愿意做的，别勉强他　/054
　　　　何必扭转对方的性格　/057
　　　　他的坏习惯可能马上改掉吗　/061
　　　　对他的小金库不妨糊涂些　/064
　　　　给他空间等于给爱情增加氧气　/068
　　　　放养男人时要心有底限　/072
　　　　不断给老公增添新的项目　/076

第三章　伤什么也不能伤男人的面子　/081
　　　　伤什么也不能伤男人的面子　/082
　　　　男人的面子比屁股还要大　/085
　　　　男人其实很在意细微的小事　/089
　　　　他的亲戚面前你要学会装模作样　/093
　　　　永远不要说他父母的不好　/097
　　　　对婆家人好——邀功就会变味　/100
　　　　婆媳总会有不同，何必非要求同　/104
　　　　把他的朋友变为你的盟友　/107

第四章　家庭"战争"需要和平处理　/111
　　　　夫妻相处贵在相知不相疑　/112
　　　　打好夫妻关系这道家庭根基　/116

靠承诺维持的婚姻只是一把纸伞 /120
求同存异，是水火相容的奥秘 /123
"恩情仪式"，我们都需要 /127
既是情人，也是朋友 /131
"三分钟沟通法"，每天都能乐融融 /135
想要什么就开门见山地说 /139
你需要多听听"老男孩"的委屈 /143
对方的"底线"你得摸清 /146
责备与赞美的黄金比例是1∶5 /150
语言上的胜利者其实是失败者 /153
善于低头的女人最让男人魂牵梦萦 /157

第五章　教育孩子不要跟老公唱反调 /161
母爱和父爱对孩子的影响点不同 /162
缺了父爱，孩子的发展会慢几拍 /166
好爸爸不好当，你得多鼓励他 /170
在孩子面前，多多树立父亲的高大形象 /173
墙上只挂一个时钟更利于培优 /177
每两个星期让他带孩子郊游一次 /180
母鸡型母亲带大的孩子没出息 /183

教孩子从小学会运用财富　/186

凡事让孩子有三个选择　/190

家庭幸不幸福要看孩子成长的好不好　/193

第六章　会持家的女人最得男人欢心　/197

天性多疑的女人婚姻容易OVER　/198

老公最伤心的事莫过于攀比　/203

你还按娘家的生活习惯生活吗　/206

并非所有的事都要和他商量　/210

用心搭建你家的和好模型　/214

像老鼠奶奶一样管理你的家庭　/218

"我们"的未来在我手中　/222

伺候好老公的胃，他就回家了　/225

权力大责任也大，家庭大政让他作主好了　/228

户主的桂冠就给你老公戴吧　/232

给丈夫以事业上的支持和帮助　/236

支持男人的钱花在他喜欢花的事上　/239

男人喜欢且尊敬能和他分担的女人　/243

>>> chapter

01

第一章

有魅力的女人才能抓牢老公的心

谁说结了婚的女人就要当"黄脸婆"？这个论调大错特错。结了婚的女人也能魅力无人挡，而且应该比结婚前更有魅力。要知道，有魅力的女人才能抓牢老公的心。

即使八十岁，也一样美丽

有人说，时间是女人最大的敌人，再美的女人也经受不住时光的洗礼。其实不然，时间非但不是女人最大的敌人，只要我们保养得当，越是经过时光洗礼的女人，反而会越迷人。

——题记

前几天参见同学聚会，十多年没见，同学们的变化都非常大，其中最让人吃惊的就要数班上曾经的班花亚楠了。当初亚楠是班上最漂亮也是最会打扮的女孩子，常常令班上其她的女孩子羡慕不已。没想到，时隔十年，大家居然完全已经认不出亚楠了。她面色枯黄，衣着随便，看起来不修边幅，相较于其他打扮得明艳动人的女人来说，亚楠平凡得令人吃惊，不到四十岁的年纪看起来比起同龄人老了不止五岁。老同学们都非常关心，纷纷询问，一问之下才知道真相。

原来亚楠因为长得太漂亮，所以大学一毕业，没有出去工作，就嫁了一个家境非常不错、人也很好的男人，开始过起了阔太太的生活。但是嫁了人的亚楠一门心思扑在了家庭上，为老公孩子付出了一切精力。而且亚楠认为，女人嫁了人，就不应该再考虑打扮保养之类的事了，应该朴素些，安分守己。于是亚楠渐渐地不重视自己的外表，不修边幅，也从不用保养品，只是用一些简单的护肤品，更别提去美容院了。

结果，十几年的婚姻生活是很幸福，但是亚楠却再也不是当年那个明艳动人的班花了。而且从未工作过的她跟其他人也没有什么共同语言，和同学聊天，聊着聊着就会冷场。加上最近怀疑老公出轨，更是将亚楠弄得越发憔悴。

同学会结束后，大家都唏嘘不已，没有想到十几年不见，一个女人的变化竟会如此之大。那些当年长相平凡毫不出彩的女生，现在却成了气场强大的职场女王，这不得不说是岁月给我们开的一个毫不好笑的玩笑。

有的人会说，时间是女人最大的敌人，再美的女人也经受不住时光的洗礼。其实不然，时间非但不是女人最大的敌人，只要我们保养得当，越是经过时光洗礼的女人，反而会越迷人。张曼玉年近五十，依然风采动人，因为她的保养得宜，岁月在她身上留下的痕迹，反而使她不但风采依旧，甚至更加动人。台湾的"不老女神"潘迎紫也是一个例子，1945年出生的她，直到今天仍然像30多岁的少妇般散发着迷人的魅力。其实，只要会保养，只要我们平时注重对我们的外在和气质的培养，即使到了80岁，我们依旧会是街道上的风景线。

不少女人认为，结了婚还打扮得太出众就是不安于室，常常会惹人非议。其实，婚姻并不应该成为阻挡我们追求美的绊脚石，反而应该是我们追求美的动力。曾经听过这样一个笑话：某著名律师楼内有一个美女实习律师,她每天非常努力地复习司法考试,希望能成为一个著名律师。同楼的一个男律师见状非常奇怪,就问她:"你长得这么漂亮,何苦来考什么司法考试。去找个有钱人嫁了岂不更好。我们这一行竞争这么激烈,你一个小姑娘何必如此费力呢。"岂料那个美女叹了一口气说:"唉,你不知道,我又何尝不想呢。但是那一行我们这一行竞争还要激烈啊。"这个笑话初听非常好笑,但仔细想想却让女人们心有戚戚焉。

要知道,现在每个女人都想嫁有钱人,但哪来的那么多有钱人让我们选呢?已经嫁了有钱人的每天提心吊胆害怕老公被抢走,还没嫁的又在一旁"虎视眈眈",这样的生活我想每个人都见识过吧。因此,作为妻子的女人,要时刻注意做好准备,随时打响我们的"婚姻保卫战"。可说是这么说,要怎么做才能"保卫"我们的婚姻呢。其中最重要的一点,就是时刻注意自己的外表、气质、修养等,让自己做个魅力女人。

20岁的女人青春无敌,可爱活泼;30岁的女人拼搏事业,干劲十足;40岁的女人事业有成,气质稳重;50岁以后的女人就该是仪态万千,修养过人了。每个年龄段的女人都有不同的特点,即使我们到了80岁,也该有自己独有的气质,让自己能在人群中鹤立鸡群,让人见之忘俗。那么,怎么样才能让自己不论多大,都成为一个让人能够记住的特别女人呢?这些,是需要我们下大力气的。

首先,我们必须有自信。俗话说,自信的女人最美丽。只要你有自信，那么你的身上就会放出与众不同的光彩。一定要挺直你的腰杆，只要挺直了腰杆，不论在什么情况下，你都会与其他人不同。弓着腰、驼着背是不自信的常见表现，这样的女人，连脸都看不清，又怎么可能会让别人一下子记住呢。

其次是一定要注重对自己外貌的保养。就算是没有钱用昂贵的保养品，至少我们应当做到，不论在什么情况下都保持整洁和一丝不苟。一个干净的女人，不管是谁都是无法讨厌的。在有条件的情况下，我们应该适当使用一些化妆品，让我们显得更加年轻，画淡妆对于其他人来说也是一种有礼貌的体现。

然后就是一定要有自己的事业，就算一个月只挣500元钱，我们也一定要有一个工作。有自己的事业的女人，不会完全以老公为中心活动，她的生命是充满色彩的，她也会比那些庸碌的家庭主妇更能留住男人的心。

最后，我们还要增加我们的学识，言谈无物的女人即使貌若西子，也很难让男人长久的停留在身边。当年华不再，我们再来拿什么挽救我们的婚姻呢。反之，容貌平凡但是内涵丰富的女人，年龄越大越有智慧，她们能把男人牢牢地攥在手心里，也能把自己的爱情和家庭牢牢的攥在手心里。

有了岁月的积淀，女人反而更能发挥出自己的魅力，就如同陈年佳酿，只要我们会保养，那么80岁的女人也会是街道上的风景线。

有修养的女人宛如百合花

> 魅力是女性的力量,而力量是男性的魅力。
>
> ——佚名

人们总是喜欢用花来比喻女人,有的女人像玫瑰,热情而充满活力;有的女人像康乃馨,温柔大方;有的女人像太阳花,常开不败。其实,有修养的女人就像百合花,静静开放,典雅而内敛,在优雅中透露出奢华和品位,有一种低调的张扬。

做女人不能太张扬。女人的美好品德就在于修养,而有修养的女人的一大特点就是低调。我们经常能见到这样的女子,她们有着素雅的衣服,淡而精致的妆容,轻声细语但却出口成章引经据典,从不刻意强调什么,但每说一句话就让人无可置疑无法反驳。这样的女人就是有修养的女人。或许她们并不漂亮,但她们绝对是美丽的。

百合花是低调的,但她绝对不是平凡的,有修养的女人也是这样。她们从不强调自己的存在,但是只要她们在那里,那么人们的眼光就会聚在她们身上。这是一种来自于内在的吸引。都说一个女人"耐看",其实这就是来自于有修养的女人的吸引。再美丽的女人如果没有内涵，没有修养，那么看久了也会厌烦。如果是一个有修养的女人，那么即使她长得并不美，人们看她看得越久越会觉得她美丽。就像著名女明星徐静蕾，相较于其他女明星，徐静蕾并不漂亮，但她就是有一种独特的魅力，如百合花一般静静于角落开放，却散发出让人无法忽视的迷人气质。

女人可以不美丽，可以不博学，可以不富有，也可以没有什么才艺特长，但是一定要有修养。身为一个女人就注定了社会对我们的言行举止的要求要高于男人许多。因此，我们更要严格要求自己，要让自己做一个对于男人来说"带得出手"的女人。卢娜就是这样一个女人。从小卢娜就长得不漂亮，在一群小朋友中显得毫不出色，她的妈妈非常着急，就带她去学各种才艺，但是结果也不十分尽如人意。苦思冥想了很久，卢娜的妈妈决定，不在孩子不擅长的地方下功夫，于是专心致志地将卢娜培养得十分有修养。

长大后的卢娜不论走到哪里，都能保持自身的修养，言谈举止也十分有度，并且在一家美女如云的公关公司任经理。在一次商务活动上，落落大方的卢娜吸引了一位事业有成的年轻商人的注意力，不久两人就陷入热恋继而结了婚。许多人对于那位商人娶了卢娜感到意外，毕竟他们的朋友中娶明星的也不是没有。

每到朋友聚会，卢娜的平凡长相都会引起众人侧目。但是，时间长了，朋友们也发现了卢娜的优点。不论什么时候，卢娜永远都不多话，她总是静静地坐在老公的身边为他递上需要的东西。她总是落落大方，形为举止挑不出任何毛病，如果偶尔说几句话，那么就是非常有道理的，能让人心服口服。就这样，卢娜在老公的朋友圈子中也有很高的声誉。

结婚很多年，朋友都遇上了或这或那的家庭纠纷，只有卢娜，一直跟老公恩爱如初。这着实令人羡慕。但其实，这完全要归功于卢娜的修养。凭借着自己的优势不但从未给老公丢人，还帮老公谈了许多生意。这样老公对她又敬又爱，除非出差，老公从未夜不归宿。卢娜从不管老公的应酬，但是她凭自己的魅力牢牢地抓住了老公的心，不用管老公也从未想过出轨。这就是有修养的女人的魅力所在。

结了婚的女人往往会因为各种事情失去了往日的光彩，这时，我们就需要良好的修养来弥补容貌上的不足了。有修养的女人不必要很漂亮就可以吸引众人的目光，还不会有哗众取宠之感。就像百合花，没有玫瑰的艳丽外表，但是却有着自己独特的典雅魅力，静静地吐露自己的绝代芳华。

不用任何华丽的词藻，有修养的女人只要站在那里，就是一道绝美的风景。就像一幅水墨山水，看似寡淡无味实则意蕴深长。女人只要有修养，对于许多事情的处理方式就会自然而然的改变。对于婚姻，对于男人，我们的想法就会有很多改变。而对于男人来说，当然会喜欢看见自己的妻子是位淑女，而不是一个美丽的泼妇。

女人需要有修养，男人也需要有修养的妻子。培养自身的素质，对于婚姻来说非常有好处，可以有效减少摩擦的发生，让我们的家庭更加和谐，婚姻更加美满。有修养的女人永远也不用担心老公出轨，因为她们自有智慧抓住老公的心。

将快乐带到婚姻中去

> 与其与一个冷漠无情的聪明女子结婚,毋宁和一个多情鲁钝的女人结合。
>
> ——卡尔·波普尔(英)

爱情是这个世界上最美好的感情之一,也是使一对对男女走到一起组建成一个又一个小家庭的原动力之一。然而,恋爱时的美妙感觉往往会在结婚后消失殆尽,所以人们又将婚姻称为"爱情的坟墓"。

但是,网上流传的一句话却让人对婚姻和爱情的关系有了新的认识,"婚姻是爱情的坟墓,我宁愿进坟墓也不愿死无葬身之地"。确实,婚姻会给爱情带来不小的改变,我们结婚之后的生活与恋爱时完全不同,可能很多女性因此感到不适应,觉得婚姻是痛苦的,是难以忍受的。其实,就像网上说的,婚姻虽然是坟墓,但没有坟墓的我们岂不是会死无葬身之地。婚姻同时也是爱情的归宿,我们在面对婚姻时,首先要把快乐带进婚姻,要明白婚姻对我们的意义,这样,在婚后接踵而至的种种不适应中,我们也能应付自如了。

将快乐带进婚姻中就是将快乐铭刻在两人日后的生活中。不论做什么，如果没有快乐那就不可能进行下去了，婚姻也是这样，没有快乐做支撑的婚姻是没有前途的，即使是琼瑶的苦情剧，在痛苦来临前也是有过快乐回忆的。两个人之间的快乐回忆能够让婚姻更加的牢固，不论遇到什么波折，想起那些快乐的事，心里也能充满力量。但如果一开始就把婚姻想象得无比悲苦，认为已结婚就会陷入痛苦的深渊，那么即使是一点小事也能击垮你的婚姻。

小琳就是这样一个例子。恋爱一年多打算结婚时，小琳就听周围的人跟她说了许多结婚后会发生的事，比如婆媳不和啦，丈夫出轨啦，做家务变成黄脸婆啦。种种的事情让小琳对婚姻充满了恐惧，再加上未婚夫的家里对小琳也是不冷不热的，更让小琳对将要到来的婚姻没有期待反而是厌恶。但婚礼终究是到来了，新的家庭生活也开始了，由于小琳一开始就对婚姻怀有不信任，所以结婚后就整天闷闷不乐疑神疑鬼。她和老公是跟公婆一起住的，婆婆每说一句话就能让她想上半天，认为婆婆是含沙射影指桑骂槐。老公一回家晚了点她就怀疑老公在外面鬼混，跟不三不四的女人有暧昧关系。

结果，结婚不到半年，婆婆就因为小琳的态度而开始讨厌她，老公也开始厌烦这种每天被监视的生活。小琳自己也受不了这样痛苦的生活了。于是，两人终于离婚了。本来恩爱的情侣就此形同陌路。还是深爱丈夫的小琳离婚后就后悔了，可惜为时已晚。

小琳的例子足以让所有女性引以为戒。要知道，当你还没结婚时就已经认定婚姻是不快乐的，这样，结了婚，即使你过得再幸福你也看不到，反而是一些很小的不幸会在你眼里放大数倍，成为你佐证自己的不幸的有力证据。相反，如果你一开始就先将快乐带进婚姻中去，即使过得并不富裕，即使跟老公一起吃苦，对于你来说这些也只会成为日后的甜蜜回忆。

心态往往能在事件发展中起决定作用。对于婚姻来说也是这样。以快乐的心态面对婚姻，我们就能积极面对婚姻中出现的问题和障碍，不逃避也不一味指责。佛看众生都是佛，快乐能让我们把一切痛苦都看成是宝贵的经验，经历过痛苦洗礼的婚姻因为有快乐护航，反而会愈加牢固。我们也因为用快乐的心态去面对一切而无所畏惧。

托尔斯泰说："幸福的家庭都是一样的，不幸的家庭各有各的不幸。"确实，幸福的家庭总是有一些相似之处，快乐就是其中之一。每一个幸福的家庭都是快乐的，整天争吵打骂一片愁云惨雾的家庭说幸福也不可能；每天和乐融融欢声笑语的家庭说不幸福也没人相信。所以说，能将快乐先带进婚姻就是为幸福的婚姻打下了一个良好的基础。困难和痛苦都是暂时的，只要生活中充满快乐，那就痛苦和困难就无所畏惧了。

将快乐先带进婚姻中去，还能为我们营造一个和谐的家庭环境，缓解家庭矛盾。没有一个家庭是毫无矛盾的，但是如果我们先将快乐带进婚姻，那么我们在面对矛盾时首先就能做到心平气和，努力用理智去解决问题，而不是用吵架来解决问题。

面对生活中的种种意外，每个刚结婚的女人都会手足无措。面对生活同以前发生的变化，我们可能会适应不良。因此，在我们更应该将快乐注入到生活中，用充满阳光的心态迎接我们的婚姻生活。

婚后要主动调整自己的身份

> 托尔斯泰《安娜卡列尼娜》中有句家喻户晓的名言:"幸福的家庭都是相似的,不幸的家庭各有各的不同。"我们应该怎样去理解与领会其中的涵义?我想,做好家庭中的角色转换,就是逐步实现家庭和谐,促进生活美满的开始。
>
> ——题记

有人说,爱情是你侬我侬的甜蜜,婚姻是你忍我让的平淡,从甜腻的蜜罐到清淡的的家常菜饭,很多女人都会觉得难以接受。之前的种种好处都过期作废,然后还背起一大箩筐的各种负累,女人简直觉得自己是被骗了。

其实,婚姻会让女人的角色有很大的转换,从一个大姑娘转换成一个小媳妇,同时成了丈夫的妻子、婆婆的儿媳,这是一个正常的转换过程,否则结婚证也将成为一种摆设。只是要快速完成家庭角色的转换并不是件容易的事。

文静就是这样一个在理想到现实、婚前到婚后的角色转变中迷失的女人。文静与丈夫在结婚前,爱得轰轰烈烈,浪漫唯美,羡煞旁人。丈夫高大英俊,性格人品更是没话说,而且对她体贴入微，引得闺中密友眼红不已，说她好命，修得如此福气。新婚伊始，两人还能如热恋中的情侣般甜蜜、浪漫，时常外出郊游，每逢节日互送礼物，共进烛光晚餐。

渐渐地，丈夫由于升职，日益忙碌，晚归、应酬更是家常便饭，生活平淡乏味。丈夫忙于工作，家里的大事小情便全让文静来处理，在柴米油盐的琐碎中，她甚至觉得自己原本美丽的脸都被蒙上了一层生活的尘埃，并非蓬头垢面，而是渐渐失去了曾经的光彩。

她最不能忍受的是丈夫在她的生活中的缺席。婚前，丈夫再忙，也会抽时间陪她，而婚后，他即使不忙的时候，也是一脸疲惫，只想休息，他宁肯一天里在家睡觉、玩游戏，也不愿意陪她出去逛街看电影。情人节的时候，丈夫临时接到任务要出差，文静第一次在情人节的晚上独自一人吃了晚餐；她生日的时候，丈夫由于工作忙，赶不回来为她庆生，她一人吹了蜡烛，和着眼泪吃下了蛋糕；待到春节时，丈夫在国外出差，未能赶回来与她过除夕。

两个人的生活渐渐有了争吵。某次吵得凶了，一向温柔体贴的丈夫冷了脸，怨她不惜福，他一向尽自己最大的努力让她过上最好的生活，他努力工作是为了这个家，以后两人还要养育孩子，他不希望她太过操劳，所以宁愿自己苦一点累一点。丈夫的一番辩白，让她更觉委屈，她只是觉得他变了，不像以前那样爱她。丈夫只丢下一句："结婚跟恋爱时不同，结婚了我的责任就更多更重了,如果我是个不负责任的男人,我可以陪你花前月下,过了今天不管明天,但现在我不能,我要养家,我不求你能帮我分担什么,只要别再这么任性。"

在经过一番思考之后,文静选择了离婚。她的离婚理由在一般人来看很牵强:不是她不爱他,只是不爱处于婚姻关系中的他,因为他已经不再是曾经理想中要嫁的那个人。

文静的境遇很多女孩子在初为人妇时都会遇到,当爱的激情退却之后,爱的本质会显得平淡而单调,需要双方调整自己的心态,去接受它的另一种形态。女人作为婚姻家庭的主导者,要主动调整自己的身份。

不要抱怨男人不再对自己殷勤备至,实际上这很正常,男人是孔雀,恋爱的时候会变着法儿开屏,来赢得女人的芳心;结婚了,便大功告成地收起了尾巴。男人的激情来得快去得也快,这些东西再美好总不能代替饭碗、金钱与尊严,责任才是男人的第一号命令。除极少数男人外,天下绝大多数男人都有奋斗持家的意识,于是自然而然男人们人人都有获得财富、赢得地位的责任心。男人的心在社会而非家庭,家庭是他奋斗人生的避风港湾,绝不是他的人生舞台。

所以说,他不再殷勤并不是他变心了,也不是他懈怠了,只是他的重心转移了。妻子应该理解丈夫的为事业和家庭而拼搏的做法,要在行为上支持他。丈夫缺席了,就找自己的朋友来陪自己吧。

女人们还要正确地对待琐碎家务。婚前过着衣来伸手饭来张口的日子，婚后要独自面对琐碎的家务事，这让很多女孩子头大。在这个过程中，一定别忘了家庭是两个人的事情，该让男人分担的一定不要因为疼爱而让自己大包大揽，这样不但会给自己一生带来太多辛苦，还会让男人产生惰性，甚至体会不到持家的辛苦。如果条件允许可以让保姆帮忙，不用事必躬亲，不过女主人要考虑的事情还是要自己来处理的。

另外，要聪明地处理新家庭的成员关系。新的家庭组建后，会给原来的家庭模式带来细微的变化。女人要趁早打消婆婆会平等对待自己和丈夫的念头，因为婆婆是丈夫的亲娘，也只是自己的婆婆。当有了这样的心理准备，在面对婆婆偏心丈夫时就会释然。千万别因为婆婆对丈夫好，和婆婆争风吃醋，那将是最愚蠢的事情。尽量配合婆婆，完成自己的角色转换。只有和婆婆关系处理好，丈夫才会省心。聪明的女人都会哄着婆婆开心，她们知道婆婆绝对不会亏待自己。

女人在踏上红毯之初，就希望能与对方举案齐眉，白首终老，其实现实生活中能够及时地转换自己的角色才是真正地步入婚姻的殿堂。

结婚后，温柔不可变

> 温柔终益已，强暴必招灾。
>
> ——民谚

自从韩剧《我的野蛮女友》在中国上映后，女人们仿佛一夜之间忘记了何谓"温柔"，对男友或是老公从以前的温柔可人到现在的非打即骂。恋爱时我们可以把其称之为"情趣"，但结婚后，妻子的坏脾气往往是造成"婚变"的主要原因之一。其实，无论时代怎么变迁，无论潮流怎么演变，男人的心里都是希望能有一位温柔可人的妻子。

很多女性在结婚前恋爱时往往会保持温柔，但一结婚就原形毕露，完全不复婚前的温柔。其实，在婚后，女性肩上的负担会比婚前家中很多，在沉重的负担面前，即使脾气变差也是无可厚非的。但是，我们要知道，这世界上的事不可能万事都顺着自己的心意来。

结婚后和结婚前，女人的态度如果转变太多，那么不管是基于什么理由，男人都会忽视，他们只会看到你的改变，他们会认为你变了，联想起从前你的温柔摸样，再看看你现在的野蛮，这就给他们发生外遇一个绝好的借口。毕竟家有"河东狮",是每个男人都受不了的,就算是在外人看来,过错也是在你。

女人为家庭付出了一切,最后被辜负,过错还被安在你的身上,这对于每个女人都是无法忽视的打击。因此,即使是为了不发生这种事,我们也要在结婚后把温柔坚持到底。

女人的似水柔情是俘获男人的最好武器,你的温柔,你的忍让,你的付出,其实他都是看在眼里的,没有必要为了自己的付出而四处诉说。人都是有感情的,只要你做到了,那么男人就能看到,就能记在心上。如果你一结婚就忘记温柔为何物,每天对老公呼来喝去,完全没有了之前的温柔模样,那么他也会记在心上。

任何事情的发生都是有原因的,不要认为老公出轨全是老公的过错,那是不可能的,事实上,大部分老公出轨的原因都是出在老婆身上。女人总是习惯性的把自己摆在弱者的地位上,一出现问题总是愿意找别人的原因,但其实,在婚姻中,女性才是那个占决定性地位的角色。每个男人都希望在劳累了一天后,回家能看到一位温柔迎接他的妻子,而不是一个厉声责问他为什么回来这么晚的"恶婆娘",这样的女人恐怕哪个男人都"消受不起"。

据调查称,日本男人是全世界幸福感最强的男人。因为日本女人可谓是所有男人的梦想。她们对待丈夫的温柔令其他国家的男人羡慕不已。每天早晨她们都会站在门口送老公出门,温柔地鼓励老公努力工作。晚上老公回家再晚她们也会为老公等门，接过老公手里的公文包，给老公放好洗澡水。而且几乎从来不会对老公发脾气。

试问，这样的妻子有谁不喜欢呢。中国的女性本来也是有这样的温柔的传统的，但是近年来，我们新一代的女性过度地崇尚个性，崇尚女性解放，造成了我们的女性在结婚后忘记了温柔。因为这个原因，我国的离婚率也是年年攀升。相较之下，日本的离婚率就比我国的减少许多，这其中，日本女人的温柔可谓功不可没。

女性的态度直接影响到了老公的心情，而老公的心情又直接影响到婚姻的幸福程度。也就是说，女人是否温柔，对于一个家庭是否幸福起到不可忽视的作用。因此，在结婚后，我们一定要将温柔坚持到底，用你的柔情给婚姻围城建造一个坚固的城墙，让你的婚姻不被损害。

婉晴是个清秀的女孩，结婚前的她人如其名，温婉清丽，她的老公对她一见倾心，很快两人便共结连理。但结婚后的婉晴脾气渐渐变得暴躁。新家庭的一切让她无所适从，无论老公如何好言安慰，婉晴依旧难以适应。于是婉晴渐渐开始对老公恶言相向，一有不顺就开始大吵大闹，整个人都变得歇斯底里，完全没有了以前的清秀模样，虽然外表没有什么变化，可是脾气却变得让人不敢恭维。

结婚前的婉晴说话永远都是轻声细语，脏话什么的更是从来不会说，结婚后的她却变得脏话连篇，有些就算是她老公听了都会脸红。对于家务事婉晴更是能不做就不做，老公只要稍微一说，她就撒泼哭闹，说老公虐待他。可想而知，婉晴的婚姻只维持了不到一年就结束了，因为她的老公实在受不了自己的枕边人是个泼妇。婉晴自己也很后悔，但只要一想起婚后的生活她就无法平静。一对佳偶就这样变成了怨偶。

　　其实，在婚后保持温柔很容易。我们只要调整好心情，把家庭的一切责任看成美好生活的一部分，怀着快乐的心情去面对生活，那么我们自然能保持温柔的态度了。

心有多间房，老公只是一间

> 我的心有很多房间，荷西也只是进来坐一坐。
>
> ——三毛

蕾是一个典型的传统女人，勤俭节约，生活有条理，有几个要好的朋友，她们常聚在一起分享人生悲喜。但随着她们各自恋爱、结婚，她们已经很久没有聚过了。她说她们是"重色轻友"家伙，有了爱情就把友谊淡化了。

当她结婚后，也像她们一样把重心都搬到对方那去了。她以他为中心，他就是自己的全部社交。无论去哪儿玩，都要和他在一起，偶尔一个人出去，心里也会记挂着他，生怕他回家没饭吃、没干净的衣服穿。结果，他以生活得太压抑为理由和她分手。

她在感情中一味地奉献、一味地迎合，她把他当做自己至高无上的目标，总是围着他转，最终还是让他厌烦。分手后的那段日子她觉得空虚，除了吃饭、上班、看电影、睡觉，就没了别的行程。看着周围的女人谈论着自己的家庭、孩子，她只能充当为一名听众，而且她的生活和她们比起来，简单多了。这时，她才恍然发现，自己连一个倾诉的朋友都没有。

古代的深闺小姐，大门不出二门不迈，最大的愿望就是觅得一个如意郎君，从此妻凭夫贵，一步登天。这种想法，在那个男尊女卑的年代自然是无可厚非，但现在仍然有女人抓着这种观念不放，就有点不可理解了。

很多年纪轻轻的女性们，常把男人当做自己的全部人生，动不动查岗查哨，甚至想到了雇佣私家侦探，生生把自己逼成了怨妇。每次面对这样的女孩，我都是哀其不幸怒其不争，这个世界上有太多美丽的事物和精彩的冒险，并不是只有依附男人才能做到。

连三毛都曾说：我的心有很多房间，荷西也只是进来坐一坐。由此可以看出：恋人只是自己一部分，而不是全部。所以说，我们不能把男人看作是自己至高无上的目标。

但历来女性为恋人、家庭无私奉献，更善于牺牲自己，也更容易走进失去自我的陷阱，从而加剧了她们丧失自我的可能性。看过身边的女人为了爱，为了一个人而改变，就像是人们常说的"恋爱的女人智商为零"。当我们感慨自己受伤时，就会把过错算在男人头上。其实，是我们自己把爱情看得太重了，完全不顾自己了，好像这一生就是为他而活一样。

像这样的例子，比比皆是，触目惊心。在这里，我要奉劝大家：不要用全部的心思去爱一个人，留下一份心思爱自己。当你为了恋人把自己牺牲的面目全非、一文不值的时候，你就再无资格去爱人了，因为你爱的人已经把你抛弃了。女人应保有一份"自我"，才能获得别人爱的资格。

女人要学会拓展自己的爱好，结交知心朋友。朋友之间什么话题都可以谈论，而恋人就不一定了。

有人长吁短叹社交圈子太窄，当问她们需要什么样的圈子时，她们会思索一下然后摇摇头说："没有什么概念。"其实圈子是自己找来的，你是职业女性也好，家庭主妇也罢，都没有关系，关键是除了这个身份以外，你还能给自己些什么？

部分年轻女性依赖于网络上的"圈子"，她们把交流重点都搬到网络上，对于网络圈子的选择也尤为简单：不同主题的论坛就是一个圈子，博客链也是一种圈子。这样的圈子无非就是一群陌生的网友聚在一个论坛里自曝近来的搞笑事然后跟跟帖罢了。这样虚拟的圈子是极不稳定的圈子，因为网友们会随时消失，而自己所追求的圈子也会因此散去，所以不要把虚拟的圈子当做是对自己的慰藉。

如今，圈子的种类越来越多，一些圈子还挂出了"女性俱乐部，男宾止步"的招牌，这样方式得到一大批女性的认同和参与。

在传统的女性圈子，有着小而精致的情绪。比如：泡吧、插花、购物、KTV等。最常见的就是几个女人坐在一起吃喝、侃八卦，过足了嘴瘾，这样的扎堆更像一个散漫的组合。而现在女性的社交圈子却有着颠覆性的变化，越来越多的女人开始在意自己的兴趣所在，追求自己的真正所爱。比如：女性美容沙龙、女子攀岩会所、女子瑜伽馆、女子摄影联盟等等。此外，特别引人注目的是互动节目，像自助旅游、时尚 Party 等。

像这样的休闲会所，不但满足了女性全方位的生活需求，还恰到好处地维护了个人私密，给独立自主的女性提供了自由的空间。这些地方不但成为了女人家庭和职场之外的休憩地，也让女人的视野变得无限广阔。在这个圈子里，社会各个阶层的人都有，她们都会在这里拉近彼此的距离，让自己心灵上获得慰藉。

一位女性朋友说："每周我都会来这里跳有氧操，跳累了就和会员们边喝下午茶边聊天，在聊天中可以了解到很多新鲜的事情，那种感觉太美妙了！我们之间相处融洽，没有任何的利益冲突，在无形中又多了一个社交圈子。"

在这样的圈子里，她们的谈话内容不再是单调的，不再是围绕家庭、孩子的。拥有自己的圈子的女人活得很充实，因为她们找到了自己的所爱，也找到了能一起分享悲喜的朋友。

作为女人，我们的幸福需要多方面的滋养，一份工作、一个自己的社交圈子，当然还应该有一个圆满的归宿。而这三者的结合，才是属于自己真正的幸福。

拒做怨妇、泼妇、悍妇、长舌妇

> 女人衰老的标志是什么？不是皱纹，不是白发，而是开始变的婆婆妈妈，唠唠叨叨，整天东家长李家短，传些小道消息。
>
> ——题记

人人都喜欢清丽脱俗的小龙女，但不是人人都做的了小龙女。现实毕竟不是古墓，身在红尘中难免不沾点烟火气。在《红楼梦》里，贾宝玉就曾经说过，女人没结婚前是一颗晶莹剔透的珍珠，结了婚就变成了一颗鱼眼睛，变得面目可憎起来。这种变化不只是婚姻带来的，更是现实在人身上留下的痕迹。

女人衰老的标志是什么？不是皱纹，不是白发，而是开始变得婆婆妈妈，唠唠叨叨，整天东家长李家短，传些小道消息，怎么不让人敬而远之？所以人们常说：人活着就是在不断的贬值，尤其是女人，这是岁月的必然。我们也不用费尽心思去求什么长生不老丹，但女人可以减缓这个衰老的过程。如果甘于平庸、放任自流，岂有不贬值之理？

事实上，良好的修养是女人最大的魅力，相信每一个做丈夫的，最怕的都是自己的老婆变成了一个泼妇、悍妇、长舌妇。不论是婚前还是婚后，都不能"畅所欲言"。也许你不经意的一句话，就变成了夫妻关系恶化的导火索。

几天前去秀晶家里看她新买的家具，正赶上秀晶的丈夫因为胃病在家休假。两个人热情邀我一起在家吃饭。

一会，饭摆上了桌子，他却还在电视机前看球赛。秀晶看不过眼，一个箭步走过去，把电视"咔"的一声关掉了，叉着手瞪着他："没听见我叫你吃饭啊！自己有病不知道看，小心得胃癌！"一句话说得他脸色一下子变了，但碍于我在场，没有当场发作。

后来两个人为了这件事大吵了一架。他指责秀晶，在外人面前不给他留面子，粗鲁无礼，简直是一个泼妇。秀晶听了也非常委屈，"我也是心疼他啊，特地煲了汤，想让他补一补……"

很多伴侣之间就是这样慢慢产生隔阂的，就像秀晶的丈夫说过："我不明白，她为什么常常为一点鸡毛蒜皮的小事大发脾气？真让人受不了！"

但问题是，大多数女人都以为：面对自己最亲近的人，根本不需要什么修养，有什么就说什么。所以，现实生活中有那么多的好女人，变成了一个婆婆妈妈的长舌妇。

其实，这样想可是大错特错了。在生活中，最能伤害我们的人往往就是我们最亲近的人。就像两只互相取暖的刺猬，太近的话总是很容易扎到对方。如果你认为这个和自己同眠共枕的男人是自家人了，完全像对待私有财产一样随意，那就大错特错了。

古语讲：相敬如宾。一个聪明的女人，在对待自己的爱人时，有时候也要像对待朋友那样，温文多礼，谦让三分。

对于婚后女性来说，更要对这一点多加注意，婆婆妈妈并不是女人的专利。从韩剧《野蛮女友》热播以来，很多女孩摇身一变，成了彪悍的野蛮女友，不管时间地点，想起一出是一出的瞎闹，撒娇任性，翻着跟头抒发自己的情感，什么时候折腾舒服了什么时候算。甚至不计时间不计后果的犯犯间歇性神经病，自认为个性无比，堪称宇宙无敌美少女，殊不知在别人眼里这些行为跟泼妇根本没什么区别。有性格是很可爱，但也要掌握分寸，是不是？

所以，女孩们从现在开始就要规范自己的言行，拒绝"婆婆妈妈"，拒做怨妇、泼妇、悍妇、长舌妇。不管是在爱人面前还是在朋友、同事之间。不要整天为鸡毛蒜皮的琐事抱怨，三五成群的聚在一起传闲话并不能给你增加好人缘，恰恰会说明你的思想简单而乏味。智慧的女人，懂得巧妙地化解矛盾，一个平和的女人才会在简单中收获快乐。

做让老公"担心"的磁场型老婆

> 一个萝卜一个坑,说的是婚姻情况。事实上对爱情来说,是不成立的,优秀的人,不管男女,都会是一个萝卜好几个坑。
>
> ——佚名

做女人要温柔,但有的时候,女人也不能太乖,我们要做让老公"担心"的磁场型女人,这样老公才会时时注意着你,重视着你。无论是什么东西,太容易得到的总是不被珍惜,人也是这样。你一直默默地守在老公身边,眼里心里只有他一个人,时间长了老公就会觉得你做的一切都是理所当然。他们会认为跟你在一切非常没有挑战,自然会去寻求那些更新鲜的面孔来满足自己好奇猎艳的欲望。这时,无论你怎样苦苦哀求都不能使他回心转意。因此,我们一定要时时注意不能让自己减退,要适当地多参加些交际活动,让老公有"危机感",能认识到你的珍贵,这样,他们才会乖乖的待在你的身边。

我们要做让老公"担心"的磁场性老婆,首先就要保持自己外表的魅力。女人即使到了临死前的那一刻都不能让自己的外表有任何的不妥,时时刻刻我们都要保证美丽迷人。就像有位主持人说过的,只要有出我自己外第二个人在,我就认为自己在舞台上,就算是出门到垃圾,我也要化妆。当然,我们平时不可能会这么夸张,但这足以表明时时注意自己的仪表对于女人的重要性。一个邋里邋遢像菜市场卖菜的大妈一样的女人,男人连看都懒得多看一眼,更别说受其吸引了。

想必每个人都听过"距离产生美"这句话。在婚姻中,这句话体现得尤为明显。老公是你生命中最重要的人,但不是你的全部。每个女人都应该有两三个闺蜜和一两个男性好友。就算不是常常见面,但你总要保证你有一些老公所不知道的小秘密。

千万不要让男人了解你的一切,那样的女人就像一本摊开的画册,让人一眼望到底,丝毫没有细细研读或是珍藏的欲望。时不时的跟朋友去进行一场短途旅行,无聊的时候约闺蜜出来喝个美好的下午茶。你的生命并不是只有家庭。要让老公知道,虽然你很爱他,但他并不是你的全部,即使没有他,你的生命依然会很充实。这样的自信而又独立的女性才是现代男性理想的妻子人选。太过黏人的女人也很容易引起男人的厌烦。

很多人认为家庭主妇的生活就该围绕着锅碗瓢盆,家长里短。其实,就算是家庭主妇,也应该有些不一样的生活。可以抽空培养一个爱好,比如学瑜伽或是学舞蹈;可以定期去健身房锻炼身体,保持美好的体态。总之,要知道你的生活并不狭小,你的人生其实海阔天空。有了这样的胸怀的女人,自然而然就能吸引他人的目光。

小苏就是这样一个女人。她的老公经常出差，一个月可能只有半个月在家，朋友们都替小苏担心，害怕她老公不在家时会有别的女人。但小苏从不在意。老公在家时，她尽心尽力服侍老公，让老公充分感受到家庭的温暖。老公不在时，她把自己的时间安排得满满当当。学瑜伽，学钢琴，学围棋，甚至早起到公园跟大爷大妈们学"太极剑"和"太极拳"。这样，几乎每次老公出差回来，小苏就会给他惊喜。

　　同时，时不时有来自男性朋友的邀约也让小苏的老公心生警惕。但小苏从来都是问心无愧。老公不在家时她从不会跟男性朋友单独见面，老公回来她也会征求老公的意见后带上老公一起赴约。即使是这样，也能让小苏的老公充分感受到小苏的魅力。所以，即使明知道小苏不会做出什么不合适的事，他也会时时关心着小苏，这已经是两人之间独特的情趣了。

　　小苏就是凭借着自己的魅力，让老公对自己移不开眼睛，这样，老公自然也没有时间想去外面拈花惹草了。

　　小苏的例子告诉我们，对待男人，有时候要以退为进。你越是不把它们当成生活中的中心，你的生活越是丰富多彩，他们反而越会来围在你身边，生怕你离他而去。反而你要是什么都不干，生命里只有你的老公，那么你的婚姻反而更容易破碎。

　　所以，女人不要太乖，要做让老公"担心"的女人，时不时的"刺激"一下你的老公，让他知道你的重要性。这样你在老公的心目中才能永远保持着重要的地位。

"不经意"流露的小小性感，会令男人大为着迷

> 高级胸围有一个哲学，就是越少布料越贵。布料少代表性感，性感而不低俗是一种艺术。一个女人，能够令男人觉得她性感，而不觉得她低俗，便是成功。
>
> ——张小娴

很多人都认为性感就是衣着暴露，浓妆艳抹，搔首弄姿，其实这都是肤浅的认识。真正的性感既可以是一个女人的一颦一笑，也可以是她身上所展现出来的某种气质。对于男人来说，女人的性感是非常有吸引力的，常常可以打动男人。当然，性感并不一定是故意展现出来的，有时候不经意间流露出来的小小的性感，也会让男人大为着迷。

那么什么是小性感呢？就是女人在无意中的一个动作，一个眼神，一个神态，甚至是一个微笑都会体现出女性的个性，会让男人在那一霎那间觉得这个女人非常性感。在男人眼中，女性的很多动作和神态都非常让他们着迷，比如说女人无意间拨弄了下头发，散发出来的那股迷人的香味，以及女人在拨弄头发时那抹不易察觉的微笑，这一个个小小的动作，在他们看来都非常性感，

非常迷人。

还有女人在发脾气时，撅起的小嘴，如果这个女人嘴唇又红润又丰满的话，那么男人在看到这一幕的时候会无法自拔的。我们在这里介绍了两个在男人看来女人非常性感的小动作。可是男人究竟认为什么样的女人才是性感呢？是刻意表现出来的，还是不经意间流露出来的呢？

很多女人都知道男人非常喜欢性感的女人，因此有时候为了虏获心仪的男人，会故意在男人面前表现自己的性感，比如说撒娇、穿超短裙露出自己的迷人曲线、走路的时候扭动自己的腰肢等等，这些行为的确会让男人觉得很性感，但是对于某些男人来说，这些刻意表现出来的性感行为，往往会让他们觉得肤浅，里面有很多伪装的成分，会让他们觉得虚假和不真实。

有的女人认为丰满、娇小、野性就是性感女人的特征，其实不是，这样的女人男人只会看，但不会欣赏，他们知道这样的女人并不适合她们，只要看看就可以了，这样的女人只会引起他们的性趣，但不会激起他们的兴趣。女人的外在的确很重要，如果你刻意表现的非常迷人，那么你是不会得到你想要的结果的。女人那些最让人回味无穷的性感，是她们无意间传达出来的一些身体语言，很多时候她们自己并没有察觉到自己的一些动作会让男人魂牵梦绕，可是往往在男人目睹这一切的时候，他们已经无法自拔。

下面我可以给大家举一些女人无意间表现的一些让男人着迷的小性感。首先就是撅嘴。很多女人都有这个小动作,当她们觉得遇到某些让她们觉得无奈、郁闷的事情时,她们就会不由自主地撅起自己的嘴,而且这个时间持续的还很长,有的会持续好几秒钟,很多男人在看到自己的女朋友或者老婆做出这种动作的时候,往往会看的入神,曾经有一个男性朋友跟我说,"每次看到自己老婆撅嘴的样子,都会忍不住想要捏一下她的小鼻子,真的太迷人了。"

还有就是咬手指。女人在思考什么问题,或者是觉得问题难以解答的时候,就会不经意的咬着自己的手指想问题,有的男人认为女人的这种动作其实是在挑逗自己,为什么女人这样一个很普通的动作,对男人来说这么有吸引力呢?原因就是女人在咬手指的时候,男人就会引发很多幻想,希望自己可以变成这个手指。在男人看来,女人并不一定要有多么的漂亮,如果这个女人在日常生活中,总是有一些非常可爱的小动作,可以引发他们联想的话,这就是性感。

还有最后一个最具代表性的性感小动作就是女人吃水果。很多女人在吃水果的时候,嘴型是让男人最心仪的地方。有的女人不管吃什么东西,都喜欢舔一下自己的嘴唇,这其实就是一个非常性感的小动作。男人往往会沉迷于对方的某个小动作里,对于那些扭扭捏捏、佯装害羞的女人他们往往会觉得非常反感,因为在男人眼里，真正的性感并不是刻意的伪装，而是真实的流露，对于女人来说，施展自己魅力的最好办法，就是在生活的方方面面表现真实的自我，不要刻意地去变得性感，如果你骨子里就没有这种魅力和吸引力，那么不管你穿的再少、再露，男人也不会认为这是性感的体现。

我们前面提到说，男人眼中的性感其实是女人无意中流露出来的一些身体语言，可是光靠这些是不足以引起对方兴趣的。女人一定要有自己的个性和独特魅力。不同的女人会展现不同的魅力，而你究竟哪些地方让男人着迷，其实是和女人的个性有关。比如说，一个温柔、恬静的女人，她往往喜欢静静的沉思，当她用手拄着自己的脑袋，牙齿轻咬着嘴唇的时候，男人会觉得心乱情迷，为什么女人的这一个小小的动作，就能让男人觉得性感呢？

因为这个女人的一些小动作其实是她自己的个性体现出来的。如果一个男人婆性格的女人做出同样的动作，相信没有哪个男人会觉得有吸引力，相反他还会觉得这个女人很做作，效果就会大相径庭。

男人往往喜欢真实表达自己的人，女人应该有自己的个性。很多女人非常聪明，她们知道男人喜欢女人无意间的一些小动作，因此她们会学着做出这些动作，但是这和她们本身的性格并不符合，因此不管她学得多么的惟妙惟肖，也不会产生同样的效果。

对于女人来说，自身魅力的提高非常重要，但是你一定要注意，千万不要为了讨某个男人的欢心而娇柔做作，男人最讨厌的女人就是那些喜欢伪装的女人。真实地表现自我，那么你的一切在他看来都是极具吸引力，非常性感的。

>>> chapter

02

第二章

一个好女人就是男人进修的好学校

一个好女人就是男人进修的好学校，男人对家庭的责任感很多时候并不是天生的，而是在家庭生活中渐渐培养起来的，这其中，女人的作用不可小觑。

男人需要被崇拜，女人需要被宠爱

> 信任是婚姻关系中两个人所共享的最重要特质也是建立愉快的、成长的关系所不可短缺的。
>
> ——尼娜·欧尼尔

《新约·马太福音》中曾经经书过这样一个故事：从前，有个国王要出门远行。临行前叫了仆人来，把他的家业交给他们，依照个人的才干给他们银子，一个给了五千，一个给了两千，一个给了一千。他们就出发了。

那领五千的，把钱拿去做买卖，另外赚了五千。那领两千的，也照样赚了两千。那领一千的，去掘开地，把主人给的钱埋下去。过了许久，国王远行归来找来仆人们询问银子的用处。那领五千的银子的，拿着本钱和赚来的五千，说："主啊，你交给我的五千，请看。我又赚了五千。"主人说："好，你这又善良又忠心的仆人，你在不多的事上有忠心，我把许多事派与你管理。你可以来和我一起享受生活。"

赚了两千的仆人进来了，说："主啊，你交给我的两千，请看。我又赚了两千。"主人听后说了同样的话。那领一千的也来说:"主啊,我知道您是富有而有爱心的人,您的资产已经够多了,我觉得我没有必要锦上添花。所以我就去把你的一千银子埋在地里,请看,我的原银在这里。"主人回答说:"你这又恶又懒的仆人,你既然知道我没有什么田地和产业要增加了,就应当把我的银子放给兑换银钱的人,到我回来的时候可以连本带利的收回。"于是夺过他的一千来,给了那有一万的仆人。

这个故事就是著名的"马太效应"的由来。"马太效应"揭示了一个"强者愈强,弱者愈弱,好的越好,坏的越坏"的社会原理,用以揭示社会上普遍存在的的两极分化现象。其实,在现实生活中,"马太效应"不但适用于企业和社会现象,也适用于家庭生活。

对老公的崇拜能让我们看到老公的优点,越是崇拜,看到的优点越多,对老公的爱也越深,这样,我们对老公的缺点看到的也会越少,即使老公有什么不尽人意的地方,我们也更能包容他们。就像马太效应里说的:"凡有的还要加给他,叫他多余。没有的,连他所有的也要夺过来。"我们对老公崇拜越深,我们对老公的爱也就越深。这样,家庭也就越和美了。这就是崇拜老公所产生的"马太效应"。

另一方面,在老公取得成绩时,我们的一句"老公,你真棒!"或是"老公,我真崇拜你",也能取得这种"马太效应"。要知道,男人的自尊心都非常强,在取得成绩时很容易骄傲不思进取。这时，我们的一句崇拜就能起到一种激励作用。没有哪个男人想在老婆面前丢掉面子，于是，他们就会拼命的因为老婆的崇拜而努力。这样，你越崇拜老公，老公就越努力，老公越努力，取得的成就就越多，取得的成就越多你就越崇拜他。这样形成一个良性循环，你的老公就永远有前进的动力，失败的可能性也会相应减到最小。有一个事业成功的老公的家庭自然不会因为钱的原因产生裂痕。

崇拜老公，就能在老公犯错时对他更加包容。要知道，大部分的家庭战争产生的根源都是老婆对老公犯得一点小错不依不饶，即使老公道了歉，她们也要穷追不舍，一定要把老公责备得抬不起头。男人都是自尊心非常强的，遇到这种事，一开始一般能忍下去，但如果老婆一直说个不停，那么他们也会给予最猛烈的反击。这样也形成了"马太效应"，但是是不好的效果，你越说，老公的反应越强，老公越是反击，你越是说个不停。就这样，愈演愈烈，家庭战争就此爆发。

潇潇跟老公经常吵架，两个人的关系一度降至冰点。潇潇非常着急，要知道，其实潇潇很爱她老公，只是两个人的性格都很强势所以才互不相让。老公每次一取得成功，潇潇就冷嘲热讽；老公稍微有点小错，潇潇更是不遗余力的打击老公来证明自己的"英明"。就在潇潇这样的打击下，潇潇老公根本没有心思好好工作，生意业绩一落千丈。

其实，如果潇潇能在老公面前多表现出对他的崇拜，那老公对事业就会更有信心，而不是越来越没有信心，导致老公事业的失败。老公的事业失败了，家庭自然不会太和睦。潇潇非但没能让老公重视她，反而让老公走向困境。

如果老婆能崇拜老公，对于老公犯的小错不予计较或是说说就完，那么老公自然不会跟你吵架，反而会自我反省，因此对你更加好。就像小孩子调皮，父母如果对他又打又骂，可能孩子会产生逆反心理。但如果父母不理他，他反而会自己找父母认错以后再也不犯。其实，男人就像小孩子一样，我们不去理他，不去责怪他，他自己就会认错。我们越是表扬他，越是崇拜他，他就会加倍的努力，争取得到更多的崇拜与爱。

因此，对待老公，我们要顺着他们的意思来制定战略。崇拜他们，满足他们的大男人心理，让我们的小家庭就像马太效应中的富者一样，越来越和美，矛盾越来越少。

优秀的男人是女人欣赏出来的

优秀的男人是女人欣赏出来的。一个善解人意的女人，要适时扮演一下丈夫崇拜者的角色，把丈夫当做珍贵的艺术品来欣赏，不要吝啬赞美，要传达出你对他的欣赏和肯定。

——于莉

人都怕被人瞧不起，尤其是男人。从外表看来，男人很坚强，其实他们的内心深处也有柔软脆弱的一面，他们渴望来自妻子的呵护，他们期待来自爱人的欣赏与赞美。人们都说女人虚荣，其实男人比女人更加爱慕虚荣。女人一定要学会欣赏和赞美自己的丈夫，你会发现，一向稳重成熟的老公会像孩子一样开心。这就如同传说中的情绪草，如果你对着它唱欢快的歌曲，说赞美的话语，它就会长得茂盛，并且还会开出美丽的花朵；相反，你如果对它恶语相向，它就会逐渐枯萎。

男人用自己宽厚的肩膀为女人遮风挡雨，承受了许许多多的苦累和辛酸，他们也会感觉到疲惫和委屈，而此时，你若送上恰到好处的赞美，那对男人来说，就犹如打了一剂强心针，再多的苦和累也是幸福快乐的，他们也会更加努力地投入到未来的奋斗中去，为了自己心爱的女人。

　　人们都说，好孩子是母亲夸出来的，那么优秀的男人则是女人欣赏出来的。女人在这方面千万不要过于含蓄，把欣赏和赞美藏在内心的深处，相反，你要大胆而热情地说出来，适时地扮演一下老公崇拜者的角色，把他当做珍贵的艺术品来欣赏，不要吝惜溢美之词，多发现他的优点，比如夸夸他分析问题深刻、读书有品位、饭菜烧得好吃等，比如说疼惜他的辛劳、赞美他的工作出色等，诸如此类，正是你的理解和尊重把老公身上的闪光点慢慢地都发掘了出来，日积月累，你就会发现，呈现在你面前的是一颗璀璨的宝石。

　　男人是需要女人的欣赏和赞美的，在女人的欣赏中他可以获得一种向上的力量，在女人的赞美声中他能够获得一种一往无前的勇气，可以说，女人的赞美和欣赏就是男人在困境中的后盾和自信力的来源。

　　可惜的是，许多女人不懂得这个规则，她们不仅不能给老公恰当的欣赏与赞美，反而时时把老公和其他的男人相比，要么就是没本事不能赚更多的钱，要么就是不能买更大更气派的房子，要么就是没有有权有势的父母亲戚……在这些比较中，男人的自尊受到了严重的伤害，两个人的感情也会日益衰减。

　　聪明的女人绝不会做出这样愚蠢的事情，即便老公身上的确存在这样那样的缺点和不足，她们也会懂得换个角度把它们当做优点去欣赏、去赞美。比如说，老公虽然不能赚很多钱，可是他踏实，会陪你一起散步、吃饭；老公虽然性格呆板不够浪漫，可是他体贴你，知道你的辛苦；老公虽然没有有权有势的亲戚，可是他很有才气，可以为你朗诵优美的诗篇……

　　结婚后，女人要学会欣赏和赞美老公，让老公感受到你的爱意和体贴，也让你们的婚姻更加坚固、美满！

提升男人责任感不可不知的八大法则

> 一个人若是没有热情,他将一事无成,而热情的基点正是责任心。
>
> ——列夫·托尔斯泰

今天,你离婚了吗?网上日前流行这样一句调侃离婚率激增的句子不得不引发我们深思。而引发离婚率的一个主要原因就是夫妻二人不知道该如何处理婚姻关系。很多女人都在抱怨自己的丈夫没有任何的责任感,让自己在婚姻生活中没有安全感,两个人经常爆发争吵,并且互不相让,最后导致感情破裂。那么究竟什么是家庭责任感呢?

有的男人喜欢在多个女人之间周旋,并且乐此不疲。在这样的男人眼里,家庭只不过是一个停留的酒店,甚至连港湾也算不上。你根本无法抓住这种男人的心,因为对他们来说,责任意味着压力,意味着束缚,但是他们也会结婚生子,但是这并不会影响他们对花红酒绿生活的向往与追求。

还有一种男人喜欢用自己的三寸不烂之舌来虏获女人的心。利用承诺和幻想让女人死心塌地。但是当你真正要求他付诸于行动的时候,他就会用一切理由来推脱。这样的男人轻易不会结婚,因为他们不愿意被婚姻所捆绑,但是当他们结婚了,也不代表他们会承担起家庭的责任。所以说,一个有家庭责任感的男人往往直接决定了一个家庭的幸福和美满。

现代社会的男人之所以没有责任感,很大一部分原因是女人不懂得该如何在夫妻相处的过程中提升男人的家庭责任感。第一,女人要知道,在婚姻生活中,不要把男人给"宠"坏了。之所以这么说,是因为很多女人在婚后自觉的承担了所有的家务劳动,男人甚至到了饭来张口、衣来伸手的地步。

在这样的环境和气氛下,男人很容易依赖女人的照顾,并且认为是理所当然的,对家庭的概念也会变得越来越淡。妻子在婚姻中的角色更像是一个母亲,因此,一旦受到外界因素的诱惑和刺激,男人就很容易就范。女人不知道,正是她自己让男人渐渐的失去了对家庭的责任心。

所以说,女人要让男人分担家务劳动,让他真正的来熟悉这个家庭,熟悉婚姻生活中的柴米油盐究竟是什么样子的。用家务劳动来强化男人的家庭责任感其实效果非常好。要让家的观念在男人的脑海里根深蒂固,这样才能有效地保卫自己的婚姻。

第二,女人要学会用自己的厨艺拉住老公的心。事实证明,大多数男人都渴望自己的老婆能够做好一手好菜。如果女人能够用一顿既营养又美味的晚餐迎接丈夫回家,那么无疑会增加男人家的感觉,他不仅会感受到妻子的体贴和关怀,还能感受到家庭的温暖和温馨。这对于提高男人的家庭责任感也是非常有用的。

第三，互相尊重是前提。尊重从某种意义上来说就是体谅并感激丈夫的付出。男人为了事业和家庭在外面辛苦工作，也许刚开始的时候并不会创造太多的价值，如果女人在这个时候一味的埋怨丈夫不会赚钱，埋怨自己生活条件不好，那么很容易打击男人的自尊心和自信心。男人会认为自己的付出得不到回报，会认为自己在家庭里没有任何地位，这样男人对家的责任心就会慢慢偏离，到最后，夫妻之间的感情也破裂了。所以说，女人一定要尊重男人，维护男人的自尊心。

第四，女人不要在家庭生活表现得过于强势，这样很容易打消男人的积极性。有的女人能力非常强，不管是工作还是家庭上遇到什么问题，她们都能通过自己的智慧和努力很好地解决问题。这样男人就会认为女人根本就不需要自己，因为所有的事情她自己就能搞定。如果照这样下去，家对于男人来说更像是一个旅店，而不是一个港湾。因此，女人一定学会培养男人的责任感，通过让男人处理家庭事务，让男人更深刻的体味到家的重要性。

第五，学着做一个小女人。有的女人性格温柔，小鸟依人的姿态让男人很是迷恋。这样的女人往往很容易帮助男人恢复自信，因为在男人面前她们都是一副娇弱的姿态，男人就会自然而然地充当起保护者的角色。不管是大事还是小事，他们都会非常努力的去做，这样就直接帮助男人建立了家庭责任感。

第六，让男人学会不管外面有什么业务和应酬，最后都要回家。相信很多女人都有类似的经历，那就是男人在外面工作的时候，为了应酬常常要陪客户到很晚。有时候为了不麻烦，就经常在外面过夜。这样其实是非常错误的做法。男人越是不回家，他越是不爱回家，在外面他会更加自由。所以，女人一定要叮嘱丈夫，不管再晚，一定要回家。

第七，帮助男人处理他的暧昧关系。有的男人和自己的异性朋友关系暧昧，这非常容易让男人对这种若即若离的关系欲罢不能。如果女人在发现这样的关系时仍然放纵男人的话，那么男人对家的观念就会慢慢淡化，他会越来越被这种新鲜和刺激吸引。如果女人能够在发现的时候，有效地制止，通过一些方法和技巧让男人意识到家的重要性，这些暧昧关系其实都是过眼云烟的话，那么就会避免问题的出现。

第八，和男人一起分担。帮助男人分担其实就是为了让男人知道，妻子不管发生任何事都会站在男人的一边，会陪他度过难关，这样很容易强化男人心中的夫妻观念，从而加强男人的家庭责任感。

一个有责任感的男人会把家庭放在第一位，即使自己工作再忙，加班到再晚，也会抽时间给自己的妻子打一个电话；一个有责任感的男人会和其他异性保持距离，拒绝和任何女人的暧昧关系；一个有责任感的男人懂得该如何协调家庭和工作之间的关系，不会因为工作而冷落了亲人，同样，也不会因为过于顾家而放弃了自己对于事业的追求。通过这八个法则，女人可以有效地帮助男人建立家庭责任感，同时维护家庭的和谐和稳定。

你什么都不会他才有动力什么都会

　　爱一个人意味着什么呢？这意味着为他的幸福而高兴，为使他能够更幸福而去做需要做的一切，并从这当中得到快乐。爱情的意义就在于帮助对方提高，同时也提高自己。唯有那因为爱而变得思想明澈，双手矫健的人才算爱着。

——车尔尼雪夫斯基

　　男人和女人有几种搭配，强势的女人搭配强势的男人、小鸟依人型女人搭配强势的男人、强势的女人搭配柔弱型男人、小鸟依人型女人搭配柔弱型男人。不过经过分析和验证，婚姻关系最为稳定的一种搭配是小鸟依人型女人搭配强势的男人。而造成这种现象最为主要的一个原因是，小鸟依人型的女人非常注意帮助男人建立责任感以及树立信心。因为她们不像强势的女人那样什么事都靠自己去完成，而是求助于男人，让男人有动力什么都会。

　　想必任何一个家庭都会有自己对对方的爱称，男人对自己女人的爱称一般都比较倾向于特别笨的词汇。

　　当男人还年轻喜欢一个女人的时候，总是觉得她特别的遥不可及，特别的神秘，总是不知道从何处下手才能打动她，但是已得到手之后，就会发现越来越多的笨得可爱的，甚至经常做出一些让人笑掉大牙的事情，比如在北京的话，她坐公交车过来，男人会说："我就在辅路公交站边等你"，然后到了，男的可能还会找不到她，就算找到了，她也会追着你问："什么是辅路啊？"

当男人跟老婆去一个老婆很陌生的地点见面的话，那么这个老公切记一定要把那里的建筑跟他说得要相当详细才行。她可能就知道这条路上的某一处的过街天桥，所以你没有别的选择，去天桥上等她吧，省得再浪费不必要的电话费去进一步确定你的具体位置。

男人总会多多少少有些征服欲望的，在征服了自己的女人之后，他会想尽一切办法让自己的老婆见到自己长处，当你用电脑发邮件不会上传附件时，他会在旁边指手画脚："点那个，点那个！"当你洗完衣服有很多水需要拧一下的时候，他会说："看我的！"等等，每每当你遇到什么困难的时候，他总是第一时间的看到，并在一旁傻笑一番，然后过来很自大地说："笨死！"

可能随着时间的流逝，女人的傻会越来越少，婚后有关自己家里的家用电器等等的一些小毛病会不断熟悉起来，需要自己老公的时候会越来越少。这个时候不妨试试遇到自己拿不定的一些问题，试着让老公去做，让他在自己面前再一次的表现一下，虽然这样显得自己很笨，但是在自己的老公面前笨也会笨得可爱，这样的笨只会让自己的老公更欣慰有你的存在，而你不妨就站在一边给老公擦擦汗，然后欣赏这他那种自信又满足的表情。

我曾经看过一个笑话：丈夫问："上帝把女人造的如此美丽而又愚蠢？"妻子回答道："把女人造的美丽是让你们这些男人来追的，把女人造的愚蠢这样我们才会选择你们男人啊！"可能男人生下来，不光是给女人安全感，还有就是为了弥补女人笨拙的一面，这样的你们才显得有默契，你们组成的家庭才更显的有活力，你们的将来才不至于生活在一些平淡的对白之中。

人们最为鄙视的一种男人，是所谓那种"外面的窝囊废，灶炕里的英雄"。也是，好男儿不能建功立业也罢了，在妻儿面前逞威风，算哪门子的英雄？相信大家都有同感。这句话对于男人很适合，但对于女人来说也是有着同样的道理的。现代社会，讲求男女平等，男女同工同酬，职场上有些强人风范那是正常的，但是在家里，还是需要体现出来一些笨女人的本色，让老公去安慰你，去心疼你。那些提头知尾的聪明，那些滴水不漏的逻辑，在老公面前就要省一省了，否则只会有一个很尴尬的局面。

男人最怕女人工于心计、过分尖锐。不管是你的老公是多么成熟的男人，他也希望自己爱着的女人给他宽容和理解，又希望她有一份童心，能跟自己傻傻地、真实地相处。与这种"傻"女人在一起，男人从不会不考虑她会跟其他的男的跑了，从来不会担心有一天会不爱自己了，男人觉得既安全又温馨，这样他们才会把跟多的精力放在自己的事业上，使他赚到更多的金钱来给你买新衣服。

在工作之余,男人也会幸福满满的带着自己的老婆与家人朋友私下的交流,这种情况不同于工作场所,太较真儿会让人感到无趣。应尽量展现你的笑容,显出你笨笨的像企鹅一样的可爱的本质,表示你享受放松的乐趣并接受幽默的表达方式。女人单纯又笨得冒傻气的特质,在男人眼中绝对是优点,而且也是督促他们努力表现的最佳动力。

千万不要误会男人!男人喜欢的傻女人的"傻",绝对不是指智商。女人工于心计式的聪明便显得很突出的话,不是一件好事,那样的女人,时间一长,对男人就会没有吸引力的,不烦的话也会默然。男人喜欢的"傻"女孩,是那种看上去傻傻的、心里却很有谱的女孩。男人是自尊心或者说虚荣心很强的动物,所以有着故作聪明、十分外露的的特质的女子是抓不住心上人的;而就算是笨笨的或者大智若愚的女子却能迷住男人。

老公不愿意做的，别勉强他

> 与所爱的人长期相处的秘诀是：放弃改变对方的念头。
>
> ——萨尔丹

每个女人可能都会面临这样的问题，让老公去做某件事，但是老公怎么也不去，于是家庭战争开始爆发，一点小事就升级到了面临离婚的境地。好不容易把这件事平息了，紧接着下一件事又来了。爱情就在这样的终而复始中渐渐消磨殆尽，婚姻也越磨越薄，直到破碎。

当我们埋怨老公不听我们的话时，当我们抱怨老公不愿做我们希望他做的事时，当我们抱怨老公总和我们吵架导致感情渐淡时，我们有没有想过自身的问题。老公不是儿子，我们不能勉强他去做自己不愿意做的事。我们都不想去做自己不愿意做的事，将心比心，老公当然也不会希望被人逼着干自己不愿意干的事。勉强老公干他不愿意干的事，这在女人心里没有什么，但对于老公来说，这就是不尊重他。这对于他们来说是无法忍受的事。

不要勉强老公做他不愿意做的事，这是夫妻之间基本的尊重。你是他的妻子，不是他的老妈也不是他的上司。在外劳累了一天的老公，回到家还要看妻子的脸色，可想而知他们会多么不舒服。对于男人来说，"家"应该是劳累了一天后用来休养生息的地方，而不是继续受气的地方。没有一个男人愿意面对一个对自己颐指气使的老婆。勉强男人们做他们不愿意做的事，即使你成功了，但在老公心里你的地位也失去了。小静曾经就吃过这方面的亏。

小静是个女强人，在某公司当经理，脾气也很强势，平时在公司就经常训斥下属，不管下属能不能做到一味的给他们分派任务。结婚后小静一开始在家里能克制一下自己，尽量对老公温柔些。但时间长了小静就故态复萌，完全把温柔忘到脑后，把对待下属的那一套用来对待老公，时不时的强迫老公做这做那。老公本来还能体谅小静的心情，但小静一直逼老公把喝咖啡的习惯改为喝茶。小静的本意是好的，毕竟咖啡喝多了对身体不好，但这是老公十多年的习惯，实在难以改变。结果，小静在说了很多次没有结果后，居然把老公高价买的咖啡豆和咖啡机都扔了，强迫丈夫只能喝茶。

小静的老公勃然大怒，一怒之下向小静提出了离婚。小静还不知道发生了什么事，以为老公在外有了别的女人。两人互相埋怨对方，一对佳偶变为怨偶。

勉强老公做他不愿意做的事，这往往是夫妻不和的导火索。妻子认为自己是为了丈夫好，丈夫认为自己受了委屈，两人都认为自己没问题，于是问题越来越严重直至不可调和。女性应该养成这样的习惯，遇事先从自己身上找毛病。先想想自己有没有问题，不要总觉的自己是对的，要设身处地的为老公想想。如果是老公勉强你做你不愿意做的事你又会怎样做呢，是否能做得比老公好呢？想到这些，你就能在面对老公的"不配合"时心平气和了。

勉强老公做他不愿意做的事会把老公从你身边推走，毕竟没有哪个男人会愿意自己的老婆每天强迫自己。而且，有的女性还会在劝说老公无果时选择用"唠叨神功"来迫使丈夫"就范"。这又是一大昏招，唠叨是男人最厌烦的，同时唠叨也会让你变得像个"老妈子"，这样的女人即使外表依旧美丽也很难吸引男人了，更别提把老公牢牢把握在手里了。

聪明的女人从来不会去勉强老公，只会用自己的智慧来让老公自愿去做。勉强永远是勉强，即使老公去做了，心里也不一定是愿意的。即使老公当时不说什么，心里也会有些不高兴。这些芥蒂日积月累，不一定在什么时候就会大爆发，给你的婚姻带来毁灭性破坏。聪明的女人用智慧来说服老公，会让老公心悦诚服的同时佩服你的智慧，还会对你更加尊重。得到老公尊重的妻子在家庭中更能掌握主动权，老公也更加信任，婚姻自然也会更加和谐。相反，老公不尊重你，对你不信任，你的婚姻也绝对不可能走到最后。

因此，我们绝对不能勉强老公做他不愿意做的事，要用我们的智慧做让老公乖乖听话，让我们的婚姻牢不可破。

何必扭转对方的性格

要使婚姻长久,就需克服自我中心意识。

——拜伦

每个人的性格都是不同的,平时他人的独特个性对于我们来说没什么影响。但是结婚后,另一半的性格对我们来说就是有着切身影响的,因此,我们总是试图扭转对方的性格,希望他能够改变性格来配合自己。其实,妄图扭转对方的性格是最愚蠢又徒劳的。性格是一个人的独特标签,养成一种性格需要一个漫长的过程,而扭转某人的性格则更是困难。然而,当你试图扭转老公的性格来配合自己时,你是否想过这样一个问题:改变了性格的老公,还是你爱的那个人吗?

我们总是想当然的去理解一些事情,把家庭不和的原因归结到老公性格不好上。但其实,家庭出现的矛盾原因有非常多,而对方性格不好绝对不是其中最主要的,甚至可以说是非常不重要的。因此,妄图通过改变对方的性格来是家庭和睦是非常愚蠢的。家庭的经营需要用心来思考,不能随便找到一个理由就像是找到了"救命稻草"一样,开始指责别人,如果这样做了,那么当你成功转变了老公的性格后，如果家庭状况还是没有改变，那你又该怎么办呢。

性格是每个所独有的，没有哪两个人的性格是完全一样的，也没有什么人是拥有完美性格的，我们所能找到的，只是那个在性格上最契合我们的人。也就是说，当我们决定与另一半共度余生时，我们其实在心里就已经认定了他是最适合我们的人。最好的并不一定是最适合你的，如果你认为对方的性格不好，那么就想一想，这些你所认为的不好会不会对你的人生产生重大的影响，会不会让你的婚姻分离崩析。如果不能，那么就完全没有必要纠结于他的性格问题，因为那是他独特的标签。如果能，那么就完全没有必要跟他继续生活下去了，因为他不适合你。无论是哪种情况，都意味着你根本没有必要花尽心思试图扭转对方的性格，那根本没有必要。

电视剧《激情燃烧的岁月》前几年在电视上热播，里面的男主角石光荣和女主角褚琴家庭出身、性格习惯都完全不同，因为石光荣对褚琴一见钟情所以走到了一起。军人出身的石光荣来自农村，是个大老粗，他根本不符合褚琴对丈夫的幻想，也不能理解褚琴有时的一些小小的情调。于是两个人经常因为各种事情吵架。但是在岁月的磨合中，两个人逐渐认识到了，虽然性格各方面都不和，但对方确实是最合适自己的那个人。于是，性格完全不同的两个人就这样磕磕绊绊地走过了一生。

褚琴也曾经想扭转石光荣的性格，但事实证明，直到临死前石光荣还是那个石光荣，丝毫没有变化。褚琴也终于明白，没有这样的性格的石光荣不是自己能够共度一生的那个人。我们的生活或许没有电视剧上演的那样夸张而又跌宕起伏，但是我们也要明白，对方的性格是对方人生的一部分，就像是他的心灵指纹，是不可磨灭也是不可复制的。我们的生活也是跟性格密不可分的。想改变对方的性格几乎是不可能的事，因为那是他们从小养成的，已经深深印在了他们的生命中。就连戒烟都不是件容易的事，更别说扭转性格了。

爱一个人就要接受他的全部，就算你不喜欢他的某些性格，那些也是他个人的特色，只要不违反自己的道德良知，我们又为什么要苦苦在这些小事上纠缠呢。可能你希望老公事事都跟自己统一，什么都按照自己的意愿来。可老公是人不是玩具，怎么可能乖乖任你摆弄呢。再者说，如果他真的按照你的想法改了，那他还是以前那个他吗？

你还会像以前那么爱他吗？答案显然是不。更何况他根本不可不能按照你的想法来改变自己，因为你的要求是毫无理由的。改变性格不是戒烟戒酒，不会因为改变了性格就变得多么完美，对身体多么有好处。即使他一辈子都不改变，他也还是那个他。如果我们一定要纠结于这个，那就只能浪费了时间但却没有结果。

妄图扭转对方的性格是愚蠢又徒劳的。人无完人，面对对方性格上的小缺陷，我们可以从另一个角度来看，这些小缺陷说不定会变成优点。没有必要强迫他变成你理想中的样子。当你真正得到你想要的东西时，你会发现它并没有你想象中那么美好。

他的坏习惯可能马上改掉吗

> 自言其反己自修；循序渐进。
>
> ——朱熹

美美最近非常生气，她老公一直吸烟喝酒，现在两个人结婚三年了，希望能要个孩子，于是美美就要求老公戒烟戒酒。这是为了孩子好，当时美美的老公就满口答应，决心戒掉烟酒。但没想到，老公的保证说出口有一个月了，虽然吸烟喝酒的次数少了，但明显量还是不小的。美美非常生气，就去质问老公，老公却说自己已经开始戒了，就是进度不太快而已。美美听了就认定这是老公在敷衍自己，他根本不打算戒烟戒酒，这是老公不重视她也不重视他们的孩子的表现。于是美美就开始怀疑老公已经不爱自己了，甚至怀疑老公在外面有了别的女人甚至有了私生子。美美开始质问老公，她老公自然一口否认，美美不相信，竟然说："你要不是已经有了私生子，怎么会一直不肯为了要孩子而戒烟酒，肯定是因为你已经有了孩子，所以才不着急的。"

美美一气之下就跑回了娘家，任老公怎么解释都不肯听。美美的妈妈问她她怕老人担心，于是什么都没说，但没想到她越是不说老人越是担心。没办法，老人只好去问女婿。美美的老公见岳母来问，只好无奈地说："妈，我真的没有对不起美美。"老人问："那你为什么不肯戒烟戒酒啊？""我戒了啊"他说，"但是我都吸烟喝酒十几年了，怎么可能那么快就戒掉呢。我试过一开始就完全戒掉，但是根本不行，于是只好慢慢来一点一点的戒。我也是想戒得彻底点，这也是为了美美和孩子好啊。"

老人听后回家狠狠地骂了美美一顿。美美自知理亏，便去跟老公道了歉，没过多久，两个人终于和好如初。美美也开始认真查资料，发现烟酒真的不是说戒就能戒的，于是开始帮助老公一起戒。结果没过一年，美美的老公果然成功地戒掉了烟酒。一年后他们也生下了一个可爱的宝宝，两个人的生活也越来越美满了。

每个男人都会有一些坏习惯，为了他们的健康，作为妻子要求他们改掉坏习惯是无可厚非的。但是任何事情都是循序渐进的，我必须给老公留下改掉坏毛病的时间，不能要求今天开始改，明天就改好了，那是不可能的。

在老公改掉坏毛病的的过程中，我们非但不能着急，不能催他们，反而还要劝他们不要着急，帮助他们一起想办法。毕竟，改掉一个坏毛病不是买菜，是一个循序渐进的过程，无论是谁都不能急于求成。本来就不是谁都能有"毒蛇噬腕，壮士断臂"的那种决心，如果你还是硬是逼着老公，那他们更是会对改掉坏习惯产生抵触，甚至可能会为了跟你作对故意不改了。

坏习惯的养成不是一朝一夕的，改掉坏习惯也不能指望老公很快改完。我们必须要比老公有耐心，因为他们已经维持这个习惯很长时间了，如果不是老婆的要求，他们可能根本不想改。所以他们必定是对于这件事充满了抵触。这种时候，我们就要用耐心来帮助他们，安抚他们。而且就像是吸烟这样的习惯，改掉是需要一定的时间的，不可能很快有成效。如果我们胡乱指挥，嫌老公戒得太慢，很可能打击老公戒烟的积极性，甚至对老公的身体造成一定的伤害。

大部分男人的坏习惯就是吸烟喝酒或是卫生方面的问题。前两样关乎生理，就是老公想戒，但有时候身体条件不允许他们戒得太快，这对于他们的身体也有一定的伤害。至于卫生问题，男人们总是会忽略一些他们认为的"小事"，个人卫生就是大部分男人眼里的"小事"，甚至如果哪个男人太爱干净还会被他们鄙视，认为人家"娘娘腔"。所以，老婆们想要老公注意个人卫生，就要循序渐进，慢慢地告诉他们这件事情的重要性，让他们慢慢的来，就算是老公有时忘记了，我们也不能太着急，要给他一些适应的时间。

男人就像是小孩子，对待他们我们一定要有耐心。女人要给老公留下改掉坏毛病的时间，不能急于求成。其实，只要我们静下心，耐心地等待，老公改掉坏习惯并不像我们想象的那样难。

对他的小金库不妨糊涂些

> 爱情不仅不能买卖，而且金钱是必然会扼杀爱情的。
>
> ——卢梭

男人的小金库其实已经是司空见惯的事情，但是并不是每个女人都能很好的处理这件事情。小金库的问题虽然是很多女人的大忌，但是夫妻在相处的过程中，如果有太多的忌讳，那么很容易爆发激烈的冲突。因此，对待男人的小金库问题，女人不妨效法郑板桥，"难得糊涂"也是一种智慧。

婚恋专家曾经做过一项调查研究：女人为什么对男人私设小金库那么反感。其中有几点原因，一是，担心男人手里有钱了就到外面去找女人；二是，担心丈夫整日为了面子请客吃饭；三是，大多数女人认为只有掌握了家里的财政大权，心里才会有安全感；还有一部分女人认为要想把男人栓牢，那么首先就要控制他手里的钱。

记得以前在网上看过一篇文章叫《老婆对丈夫的约法三章》，其中有一条就是男人必须每个月把工资、奖金、补贴全部上交，不得私设小金库。似乎小金库这个问题已经成了每个女人的心头大患，一定要明令禁止。但是，不管你怎么制止，男人似乎都有本事私设小金库，而一旦女人发现，两个人之间的战争就会频繁爆发。那么，男人私设小金库是不是真的就"罪无可赦"呢？

我们不妨从两性的性格和心理差异来分析这个现象。我们先谈谈男人究竟为什么要私设小金库呢？无非是希望自己手里能够宽裕一点，不用整天伸手要钱。我的一个朋友对我说，其实他根本不想藏私房钱，无奈妻子把钱管的太严了，不藏没办法，自己的工作经常需要出去应酬，有时候还得送礼、请客吃饭什么的，到处都需要用钱，可每次自己出去都得伸手跟老婆要，实在觉得没面子，自己辛辛苦苦上班赚的钱，想花还得申请。可如果自己不把钱上交，老婆就会没完没了的和自己吵架，没办法，只好自己偷着设小金库，这样用钱也方便一点。

其实，对于男人来说，一个是事业，一个就是尊严。也许有的女人认为自己掌握财政大权和男人的尊严没有多大关系，但实际上，男人如果手里一分钱都没有，他也会没有安全感。尤其是当他每次需要用钱的时候还得跟老婆申请，说明原因，如果原因合理才能拿到钱，这套对付小孩子的手法用在和老公的相处之道上的确欠妥。即使女人有千万个理由不让男人掌握财政大权，但最起码要让男人有充分的自由去支配这些钱。如果你已经发现对方私设了小金库，那么不妨就假装糊涂一点，比起婚姻幸福，那点钱又算得了什么呢？

有的女人在发现男人有小金库的时候，会立刻大吵大闹，不仅迫使对方承认错误，还得立马把小金库上交，并加强以后的监督。也许这种做法在女人看来并无大碍，但是却无形中给自己的婚姻埋下了祸根。因为她们对男人并不了解，她们越是把钱攥得紧，男人越会想尽办法去藏私房钱，如果给他们一定的自由和权力，他们反而不会有这种想法。

因为男人私设小金库无非就是担心该用钱的时候还得向老婆要，有时候两个人的消费观或者某些观念起了冲突的时候，不仅拿不到钱，反而会引起不必要的争吵。而女人藏私房钱大多是为了给自己留条后路，这才使得她们对男人的小金库深恶痛绝。两性在相处的时候，一定要学会平衡这两者的关系，才能避免产生矛盾。

所以我建议广大的女同胞，如果发现丈夫有小金库，先克制住自己的怒气，尽量宽容地看待这件事情。不要把每件事情都上升成为夫妻之间的矛盾和争吵，这对婚姻关系时非常不利的。给男人一些自由，不一定就是件坏事。做女人如果太过聪明，她的婚姻也不一定就幸福，针对不同的情况，有时候糊涂一点反而会让婚姻朝着更为有利的方向发展。

就比如小金库的事，女人可以假装自己根本不知道这件事，并在以后的相处过程中，尽量把财政政策放宽一点，不要让男人觉得自己在家里没有一点权力，只有先想办法维护好男人的尊严，才能更好地维护好自己的婚姻。

　　我的一个朋友曾经对我说，当她发现自己的老公有小金库的时候，她并不惊慌，也没有和老公吵架，而是继续像以前一样过日子，我问她，难道你就不担心他把钱花在别的女人身上吗？她笑了笑说："其实男人如果他的心不在你身上，那么就算你把他所有的资金流都堵住，你照样不能留住他的心，如果他的心在你身上，那么即使藏了点私房钱，这些钱肯定也是花在这个家庭的利益上面，所以没必要因为这件事和他吵架，反而显得我多小气似的。

　　"我发现他的钱几乎都花在买书、请客吃饭还有健身上面了，可以说都用在他感兴趣的事情上面了，我为什么要剥夺他的快乐呢？女人有时候糊涂一点没什么不好，干嘛把自己和老公都逼的紧紧的。"

　　综上所述，有时候不要只看事物的一个方面，多从几个方面来看待这个问题。不是有句话叫"难得糊涂"吗？处理婚姻问题同样如此，不要只是因为一味的担心丈夫会在外面乱来而无休止的因为丈夫的小金库问题大吵大闹。聪明的女人往往能够收放自如，既不会让男人感到太过压抑，也不会让他过于放纵。

给他空间等于给爱情增加氧气

>希望被人爱的人,首先要爱别人,同时要使自己可爱。
>
>——富兰克林

都说婚姻就像是一座围城,外面的人想进来,里面的人想出来。有的人在围城里窒息,有的人却在围城里生活得有资有色。之所以会有这么大的差距,就是因为有的女人能让男人呼吸到新鲜的氧气,而有的女人却把男人空间里的氧气全部榨干。

曾经听某个婚恋方面的老师对我说:"好男人并不是管出来的。"这句话其实经过仔细的分析之后非常有道理。现代社会,很多女人都充满了危机感,在这个物欲横流的时代,女人担心自己的丈夫会变心,会沉迷在外面的花花草草中间,因此不得不采取控制男人的做法来维护自己的婚姻,但是有时候事与愿违,不管她们怎么做,依然没有办法牢牢锁住男人的心。

那么,爱情是不是真的需要靠枷锁才不会受到破坏呢?女人是一种非常感性的动物,在爱情面前常常失去理智,做出很多愚蠢和荒唐的事情来。她们把男人攥的死死的,认为只有这样才能防止外遇的出现。尤其是在结婚以后,女人的危机感并没有因为抽屉里的大红本而得到丝毫安慰，因为她们认为外面还有很多女人都对自己的丈夫蠢蠢欲动，如果不把好关，那么最后肯定得出事。

因此，她们会采取一切手段去干涉对方的私生活，就连男人的事业和工作也要去干涉，只要男人回到家，一定要把对方一天的行踪打听得清清楚楚，这样才罢休。很多男人到最后都不愿意回家，原因就是不愿意在忙了一天的工作之后，还得回去接受审查。

男人是一种相对理性的动物。他们的爱情观和婚姻观其实有很大不同。在恋爱的时候，不管女人怎么黏糊他们，他们都不会反感，反而会非常开心。但是结婚以后，男人虽然表面上没有太多的改变，只不过身上的责任大了很多，但是他们却更要求有自己的私人空间。尤其是现代社会，男人承担的压力和责任越来越大，不管这种压力是来自于社会，还是家庭，男人都需要有一定的空间去释放自己的压力，否则就无法有充沛的精力和信心去发展自己的事业，经营自己的家庭。这个空间他们不希望任何人去触碰，即使是自己的妻子，他们也会非常排斥。这也是为什么，很多女人都认为男人结婚以后都跟变了一个人一样，对自己不像以前那样在乎了。

很多女人之所以都无法理解男人这种对空间的需求，就是因为她们并不是真的了解男人。要知道，男人最受不了的其实就是受到约束。对他们来说，家庭有时候就是一个围城，但是有时候更像是一个港湾，男人正是处在这种看似矛盾，实则并不矛盾的逻辑里生活。

如果他们觉得自己在这个家庭里面能够感受到温暖和体贴，能够自由地呼吸新鲜空气，那么家对他们来说就是一个港湾。如果他们觉得一旦回到了家就像是受到了一个又一个的限制和约束，就好像是有一个又一个的枷锁困住了他们的话，那么这个家就是一个围城。他们迫不及待地想要冲出这个围城。

男人对空间的需求也许在女人眼里是非常荒诞的。既然都结婚了，还要什么自己的空间呢？男人应酬了一天回到家，那么就不管男人有多辛苦，有多劳累，一定要逼迫男人把一天的行踪和自己报备清楚，并且责备对方为什么不知道给自己打个电话，似乎只有这样才能证明自己是多么的在乎对方。

看到男人在发呆，或者沉思，那么一定要打破砂锅问到底，必须把对方的心里话逼出来才行。这种做法其实非常容易引起男人的反感与不满。有的女人之所以不愿意给男人一定的空间，是因为她们认为这是对男人的一种放纵，最后吃亏的肯定是自己。其实，爱情并不是光靠盯得紧就一定能够维系好，给予对方一定的空间，恰恰是让爱情能够呼吸到氧气。

在男人想要独处的时候，不要过多的去询问他，不妨给他一定的时间和空间，让他自己去理清思绪，释放心中的压力。当男人打电话过来说晚上要和几个比较要好的哥们一起聚会，那么不要一个劲地催促他早点回家，因为男人有时候只有在朋友面前才能得到放松，可以发泄心中所有的烦闷，如果你连这个权利都剥夺了，那么无非是给自己埋下了矛盾的火种。如果男人有不愿意提及的往事，那么就不要为了满足自己的好奇心频繁地去盘问对方，毕竟过去已经成为了过去，为什么不能让男人有一个回忆呢？如果他说，他自己完全能够解决这个问题，那么就让他放手去干，不要过多的去干涉，要知道，男人不光是思想感情上需要空间，就连发展事业，同样需要空间。

所以说，不要极端的认为给男人空间是在放纵他，爱情也需要呼吸，你抓得越紧，也许越容易失去。相反，如果适当地给予对方一定的自由和空间，那么爱情也许就会变得更加牢固。女人要学会满足对方的情感需求，给予对方的关怀和体贴既不要过量，也不要不足。如果不足，那么就容易让爱情冷却。如果过量，那么水满则溢，适得其反。当两个人步入婚姻以后，就要学会用另外一种更加健康和积极的心态对待这个婚姻，有时候该放手的时候要学会放手。

放养男人时要心有底限

> 家是世界上唯一隐藏人类缺点与失败的地方,它同时也蕴藏着甜蜜的爱。
>
> ——萧伯纳

两性关系又出现了两个新名词,那就是"放养"和"圈养",什么是"放养"呢?就是给男人一定的空间和自由,让男人有自己的社会圈子,不会受到任何限制和干涉,在这种婚姻环境下,男人会感到非常放松和舒心,夫妻之间的争吵和矛盾很明显的减少了。而"圈养"顾名思义,就像是农夫饲养家畜一样,把动物牢牢地锁在圈里,不让它们出去。

现实生活中,很多女人就像农夫一样,为了避免丈夫出现外遇,或者是自己的婚姻受到外界因素的威胁,因此采取"圈养"男人的方式来束缚男人。而在这种环境下生活的男人,往往很容易滋生不满和反抗情绪,一旦爆发,婚姻就很难维持下去。放养和圈养各有利弊,女人应该心中有一个底线,不要因为自己的疏忽而追悔莫及。

男人大多都对"放养"的方式比较满意,因为他们可以有自己的空间，可以做自己想做的事情。有时候男人甚至认为自己可以为所欲为，因为不会受到女人的限制。而部分女人也自认为自己的放养政策非常高明。毕竟很多婚恋专家都告诫女性朋友不要把男人栓得太紧，要学会给他们一定的空间和自由。因此，她们就不再干涉男人的任何行为，给予他们完全的信任，让男人不再有被束缚的感觉，这样婚姻应该就会非常稳固了吧！但是，事与愿违，事实证明，过分放养男人的后果和圈养男人的后果都差不多，最后都很容易造成婚姻的过早消亡。而其中的原因就在于女人没有充分意识到，一定的空间和自由与充分的空间和自由之间的区别。

虽然我们并不建议广大女性朋友把男人像牲畜一样关在自己设定的笼子里圈养，但是我们同样不赞成女人没有任何底线的放养男人。要知道，男人都是花心、好色的动物。只不过不同的男人，好色的程度不同。有的男人需要女人加强监督，才能避免出轨，而有的男人如果你管的太紧，反而更倾向于触碰那道底线。空间和自由指的并不是放任和放纵，而是让爱情能够有机会呼吸到新鲜的氧气。比如说，在男人抑郁的时候，他们可以独处，不会受到任何人的干扰。在男人想专心发展事业的时候，女人会给他充分的信任和空间，让男人没有后顾之忧的施展自己的实力。

但是，如果男人得到的空间和自由太多，他们的心就会变得飘飘然起来，因为他们自认为无论做任何事都不会受到限制，可以放任自己的欲望和需求，这对于婚姻关系来说是非常可怕的。女人原本担心因为自己的过分干涉或者控制引起男人的不满，由此会影响婚姻关系的发展，因此才会决心放养男人，但是没想到，自己的信任和放任反而成了男人外遇的借口和平台。归根结底都是因为女人没有掌握好这个度。

我建议广大的女性朋友们在放养男人的时候，一定要有心理底线。究竟该给男人多少空间和自由心中一定要有数。允许男人晚上可以和哥们、朋友们一起聚会喝酒，是不是男人就可以为所欲为，想几点回家就几点回家呢？允许男人自己支配自己的工资，是不是就对他的消费观念不闻不问呢？允许男人和异性朋友交往，那么是不是就意味着男人可以任由自己和异性朋友的关系朝着暧昧的方向发展呢？很多时候，女人之所以让男人有机会犯错，就是因为她们太过信任男人，单纯的信任爱情。要知道，爱情是需要守护的，否则很容易变质。

另外，对于放任男人的底线问题，还要综合多个因素来考虑。就拿男人生意上的应酬为例。男人为了拿到一笔业务，经常有很多的应酬，而且多半是在半夜的时候出去应酬，期间必定需要喝酒、吃饭、唱歌等等一系列的娱乐活动。男人在这个时候往往会理直气壮地说："我出去应酬还不是为了家里的生活，为了让你和孩子能够生活得好点，要不我把自己弄得这么累干吗？！"

男人的这一席话能够很有效地堵住女人的嘴，在这个时候，女人如果继续放任男人的这种思想，那么婚姻就很容易出现问题。尤其是当女人给予男人充分的信任和自由的时候，男人就有可能利用这个信任为所欲为。为了避免这种情况的发生，女人应该提前给男人打一个"预防针"，比如说，什么地方不许去；喝酒不能超过多少；在喝多了的情况下，绝对不能和同桌的异性一起坐车回家；如果要到很晚，一定要及时给自己来一个电话等等。

所以说，虽然给男人空间相当于让爱情有机会呼吸氧气。但是这种放养男人的方式也要有个度，如果攥得太紧，那么男人很容易有心理压力，如果太过放纵，那么男人的责任感就会逐渐降低。夫妻相处本来就是一个非常复杂的过程，不同的时期，针对不不同的事情，女人都要学会心理有底线。对男人的放纵，其实就是对自己的残忍。

不断给老公增添新的项目

> 我宁愿用一小杯真善美组织一个美满的家庭,不愿用几大船家具组织一个索然无味的家庭。
>
> ——海涅

都说好女人是一所学校,好男人都是从这所学校里培养出来的。婚姻生活其实面临很多的不确定性因素,两性在相处的过程中也会发生很多矛盾和冲突。女人往往很容易生闷气,究其原因无非是和丈夫的沟通不顺畅。有的女人非常善于动用自己的智慧来维护自己的婚姻,而其中的一个非常有效的方法就是不断地给老公新的项目,这样做的目的其实就是为了让男人知道回家,懂得责任。

我们前面提到要帮助老公建立家庭责任感,之所以反复强调家庭责任感的重要性,就是因为现代家庭的婚姻问题,很多都是因为男人缺乏责任感,导致了夫妻之间感情破裂。如果女人不及时采取方法和策略来弥补,那么婚姻就很难挽回。而增强男人家庭责任感的一个非常有效的方式,就是不断地给老公新的项目。

有的女人为了在婚后当一个贤妻良母,因此无怨无悔地承担了所有的家务劳动，有时候明明忙得四脚朝天的，但是仍然执意要自己去完成，目的就是为了做好男人的后盾。但是随着日久天长，女人的怨气慢慢滋生，因为当她努力在拖地板的时候，男人正在电视机前面悠哉的欣赏着电视节目，女人自然而然觉得自己的付出远远大于回报，夫妻之间产生的争吵自然也多了起来。其实在我看来，有时候就算想做个贤妻，不防也懒一点。让老公也帮助分担一部分的家务劳动，其实可以很有效地强化男人心中家的观念。

锻炼老公做家务的能力就可以看做是给老公的一个新项目。如果女人把自己变成了男人的保姆和管家，那么最后也许并不一定会赢得自己想要的圆满婚姻，反而会淡化男人的家庭责任感。

小李的丈夫因为工作忙，家里的事务都由小李一个人打理。为了表示自己对丈夫的支持，小李也心甘情愿地承担起所有的家务劳动。但是日久天长，小李发现，丈夫竟然把自己的所有付出当成是理所当然的，回家的时间越来越晚，总是借口说自己要开会、要加班。后来小李才发现丈夫和公司的一个女同事关系暧昧，经常送这个女同事回家。

当小李知道这件事后非常愤怒，自己辛辛苦苦维持这个家，而他却在对另一个女人献殷勤，小李后悔自己找了这么一个没有责任心的男人。后来小李转念一想，如果自己和他大吵大闹，那么自己的所有付出都付之东流了，白白地便宜了其他人。经过反思之后小李发现，自己实在是太惯着自己的老公了，不让他操心一点家庭事务，结婚这么长时间甚至没有给自己做过一顿饭。因此，小李和老公坐下来认真地谈了一次。

她说："我呢，想了一下，咱们的房贷还没还完，如果光靠你一个人的工资咱们的日子确实有点紧，我现在的工作虽然清闲，但是工资低，因此我决定要利用下班的时候好好充电，考下几个证书，找一个工资高的工作，这样我既学到了东西，还能增加咱家的存款。"她老公听到小李的这番话自然非常高兴，并且表示了支持和鼓励。

小李接着说："但是还有一点就是，如果我充电的话，那么家务劳动就没有时间做了。况且平时都是我自己做，你也知道，家务挺繁重的，因此从明天起，你就承担绝大多数的家务，我承担一小部分。这样你也不会太累，我也有时间学习。你看怎么样？"经过一番思索之后，小李的丈夫欣然同意了。

从那以后，他总是按时回家，整理家务，小李还故意借口说没时间做饭，因此他又开始学做饭，并且有了很大的进步。有时候即使加班到很晚，他也会回家做饭和小李一起吃。很明显，小李的方法让她的丈夫逐渐建立了家庭责任感，而她不过是给老公了一个任务，那就是承担家务劳动。

当然，光靠一个项目是没有办法维护婚姻的稳定的。就拿小李的案例来说，当她找到工资很高的工作以后，老公也许就会让她重新承担所有的家务。这就要求女人学会不断地给老公布置新的项目。比如说，让老公学理财。理财是现代社会的一个比较新的名词，越来越多的家庭已经开始重视理财的重要性，而不单单是把工资存到银行这么简单。让男人学着理财，不仅会让男人有收到重视的感觉，他会更加重视家庭的利益，全身心的为家庭着想。或者是让男人主管孩子的教育问题，有的女人往往很自动的就承担了孩子的教育问题，不管是学习还是生活都由自己掌控。如果女人可以让男人有机会管理孩子的教育问题，体味这一切的压力和烦恼，而不单单是承担经济上的困扰的话，男人的心和所有的精力其实已经被家庭所占据了。

所以说，给男人布置新的项目，其实就是间接地培养男人的家庭责任感。通过一系列具体的措施，让男人做到爱家、顾家。

>>> chapter

03

第三章

伤什么也不能伤男人的面子

如果你要问男人最在意什么？几乎所有的男人都不约而同地回答："面子！"尤其是在外人面前，可以说面子就是男人的死穴，绝对不允许受到伤害。当然，给男人面子，并不是要你委曲求全，而是说在恰当的时间、适当的场合给男人体面的自尊，你给了男人面子，同时也是给自己争得了一份爱护和尊重。

伤什么也不能伤男人的面子

对于男人来说，没有什么比面子更重要的了，尤其是在外人面前，可以说面子就是男人的死穴，绝对不允许受到伤害。

——题记

如果你要问男人最在意什么？几乎所有的男人都不约而同地回答："面子！"俗话说"人活一张脸，树活一张皮"，自古以来，面子一直是中国人在誓死维护的，面子问题一直是一个大问题，不论男女老少，面子就是一个人的自尊，如果人没了自尊，那还有什么面子可言呢？特别是男人，为了面子甚至会以命相抵，正所谓："士可杀，不可辱。"当年楚汉相争，项羽打了败仗后跑到乌江，本来他是可以乘坐渔船逃回江东的，但他放弃了，因为他觉得"无颜见江东父老"，结果在乌江河畔，他选择了自刎。他的死成全了他的尊严，也成全了一代枭雄的气节。可见，面子就是一个男人致命的伤。

那么，怎样做才算是维护了男人的面子呢？其实，爱护男人的尊严，就是维护男人的面子，就等于爱护自己。真正厉害的女人，绝对不去触碰男人的尊严。你如果爱一个男人，就更要珍惜他看得比生命还重要的面子。如果女人不懂得给男人留下足够的面子，就会对男人造成莫大的伤害，使男人在指责声中失去斗志，甚至还会反感你的存在。没有哪一个男人会喜欢得理不饶人或者凶悍泼辣、尖酸刻薄的女人。

作为女人，如果你不想毁掉这个男人，就不要碰这个男人的致命伤。记得维护他的面子，尤其是在外人面前。聪明的女人只要花点心思维护男人的面子就能把两个人的小氛围经营得越发和谐。我听说过这样一则小故事，一对夫妻打架，太太拿起扫帚就追打上去，先生情急之中下逃至桌下，恰好有人上门，正好撞上，进退尴尬，这时，八面玲珑的太太急中生智拍了拍桌子说："我说帮你抬，你非要自己扛，正好来帮手了，下次再用你的神力吧！"一场面子危机就变成了夫妻间的关爱，既维护了丈夫的面子，又体现出夫妻之间的理解和真诚，并促进互相之间的关系处于一种最佳和谐状态。

男人在外面总免不了有一些应酬，许多男人当着众人给太太打电话时，声调都要提高八度："好了好了，今天我晚点回家，别啰嗦了，正忙着呢，挂了！"此时，其他人都竖着耳朵等着看好戏呢，这时聪明的女人一定不会气恼，反而会和颜悦色道："老公，我知道了，路上开车小心啊。"这样一来，老公在众人面前面子十足，等回到家，他心中会感激你，自然会投桃报李，这时你即使把他当勤杂工一样呼来唤去，他也会甘心情愿的。

结婚后，女人应该学会一门学问，那就是如何针对男人的"死穴"对症下药。女人要懂得即使是男人也会有力不从心的时候，不要因为他的无力而去抱怨他，即使是在两个人的情绪闹得不可开交时也不可以说那些伤男人面子的话。

你要懂得，男人不仅要在朋友和外人面前保全自己的面子，即使是在家人面前也需要维持面子。有些人认为，夫妻之间耳鬓厮磨，没有谁能够比自己与丈夫的感情更亲密了，因此说话办事无所顾忌，甚至在丈夫的父母兄弟姐妹面前也毫不忌讳，让他感觉很没面子，也会影响夫妻的感情。

女人要学会该示弱的时候就示弱，一方面给自己留下余地，让自己变得更加包容；另一方面也可以减轻男人心理上的压力，让他们更加自信。有了面子的男人也会更加积极，也可以给家庭带来更多的和谐。

当然，给男人面子，并不是要你委曲求全，而是说在恰当的时间、适当的场合给男人体面的自尊，你给了男人面子，同时也是给自己争得了一份爱护和尊重。

男人的面子比屁股还要大

　　一个男人，不管是谁，自尊心受到伤害时，都会铤而走险，做出丧失理智的事。

——罗布莱斯

　　相信每个女人都知道男人是一种极好面子的动物，不管是在亲戚面前，朋友面前，还是陌生人面前，男人都非常在意自己的面子。如果女人不懂得针对不同的情况，维护男人的尊严和面子，那么婚姻也许就危在旦夕。因此，女人一定要学会在外人面前，巧妙地维护男人的尊严。

　　平心而论，你家的老公肯定挺好面子的吧，尤其是在他那些狐朋狗友面前，你必须得顺着他，给足了他面子，这样回家之后你哪疼他会给你揉，哪痒他会去挠。

　　可能在你认识你老公的时候你也问过他："你喜欢什么样的女人？"，他要是说了的话，估计肯定会包括这么一条："懂事的，不喜欢无理取闹的，更重要的是要在朋友面前给足他面子。"其实男人都需要面子，也最怕失去面子，在自己的朋友面前没了面子，对他们来说，那会是一件很不光彩的事情。

其实嘛这也就是说的所谓的"人活一张脸，树活一张皮"。从古到今的中国人就爱面子，这是一个不争的事实，但在这个事实下面，中国男人更爱面子了，甚至以命相抵。如果一个女人在外面更重要的是在他的朋友或者同事面前给自己男人足够的面子，那么男人会感激不尽，他会处处为你着想，女人也会得到很多很多，女人在公共场合给男人面子，那也是一种美德，也是女人良好素质的体现。

在现代社会激烈的生存竞争中，尤其是在一线城市，成功男士的脸不但要"厚而无形，黑而无色"，通常的情况下男人会有多张"脸"去应付形形色色的情况，总结一下可以大体的分为两张"脸"。在家的时候，他扮演着一张"苦瓜脸"，他可以任老婆"欺凌"和"虐待"，可以骂不还口、打不还手；另一张脸呢就是当男人在外边的时候，男人则一定要老婆给他以"大丈夫"的形象，给他一张绝对"大男人的脸"。

男人对妻子有个不高的要求，即在家里他可以得"妻管严"，可以成"床头跪"，但在外人面前妻子则要表现出尊重他。历史上汉高祖刘邦是第一个流氓皇帝，可谓六亲不认，可是他也怕老婆，这也不是没有原因的，他在家闲逛的时候，老婆就能遥控他像孙猴子，不听话就念紧箍咒，永远逃不出老婆的手掌心。

这种爱面子的虚荣心，每个男人都有，男人对付河东狮吼一类的女人往往皱眉头痛，可是为了面子，摆脱尴尬，男人会说有很多托词，诸如："好男不和女斗，我们男人不和你们小女人一般见识。"

还有男人经常遗失东西，但为了面子，不被人耻笑为"糊涂虫"，他反而会说："没关系，旧的不去新的不来，正好我也想换了它呢，实在是用的时间太长了，都有点跟不上时代了，这下正好，省得我进一步考虑仍还是不扔了。"

男人对面子的重视程度要远远超过女人的想象力。有的女人总是表现得非常强势，不管在什么时候都不知道该维护男人的尊严。甚至在和老公一起出席某个聚会的时候，仍然不给老公留面子，当着很多人的面给老公难堪，这种做法就是非常错误和愚蠢的。因此，我建议广大的女同胞，一定要分清事情的利弊。给丈夫一个台阶下，其实就给自己一个解决问题的机会。

在夫妻相处的过程中，也许面子真的不那么重要，毕竟好好过日子才是前提。但是如果女人总是一味的打击男人的自尊心和自信心，那么婚姻问题就会越来越明显。同时，女人还要注意的一点就是，不要一味的在自己要好的朋友面前抱怨自己丈夫的缺点和不足，也许你的目的是发牢骚和发泄心中的不满，但是却无形中给丈夫树立了一个不好的形象。以后你的朋友在和你老公一起相处的时候，也许就会不自觉地把你传输给她们的对老公的评价带出来，这样间接的伤害了夫妻之间的感情。

所以说，正因为男人的面子比屁股大，女人更应该重视这一点，维护男人的面子和尊严，其实就是在维护自己婚姻的和谐发展。

男人其实很在意细微的小事

  与很多女性想的正好相反，男人们往往非常细腻，对细节很关注。这就是为什么一些我们看来很女性化的工作如时装设计时、厨师、理发师等其佼佼者都是男性的主要原因。

——题记

  我们印象中的男人都是大大咧咧不拘小节的，因此我们也就理所当然地认为男人都是粗犷的、不细腻的。但其实，与很多女性想的正好相反，男人们往往非常细腻，对细节很关注。这就是为什么一些我们看来很女性化的工作如时装设计时、厨师、理发师等其佼佼者都是男性的主要原因。因此，不要以为我们的一些微笑的动作对男人没有影响，其实男人很在意爱的些微小事。只要我们做到了，他们就都会看在眼里、记在心里。

  王林和老公赵阳结婚很久了，每天早上，王林都会在老公出门上班前给他一个拥抱道别，然后才会各自出门工作。结婚这么多年，这已经成为了两个人之间的一个小小的习惯。王林是个细心的女人，赵阳每到冬天都会很怕冷，手上还容易起冻疮，王林就各处打听治冻疮的偏方，因为王林的老公对动物皮毛过敏，王林还亲自给老公织了一副不会过敏的手套。自从跟王林结婚，赵阳的冻疮再也没有犯过。王林一直觉得这是自己应该做的，并不指望老公能有回报。

没有想到，在王林三十五岁的生日时，赵阳给了她一个大惊喜。赵阳送给她的礼物是王林一直期待的欧洲之旅。这是王林一直以来的梦想，但由于花费不菲一直没能舍得。赵阳说这是他偷偷攒了很久的奖金，自己又打了一份工攒下的，算是补上的蜜月之旅。王林还想说赵阳太奢侈，但没想到赵阳说："这些年你为我做的我都看在眼里，你为我做了那么多，我这你做这点算什么。我们是夫妻，你就不要再多说什么了。"

听了赵阳的话，王林感动地哭了出来。王林一直以为自己做的这些老公并没有放在心上，没想到老公一直看在眼里，还偷偷为自己备下了这一份大礼。其实，你为老公做的一切，老公都是看在眼里的。你以为自己的爱意是自己一味的付出，但没想到总有一天老公会以各种形式回报给你的。

男人远比我们想象中的要在意那些爱的些微小事。我们每天为他们做的一切他们都会记在心里，我们通过这些事向他们表现出来的爱意，他们也能感觉到。所以，如果能时不时的为老公做一些有用却看起来微不足道的小事，要比整天把爱挂在嘴边但没有任何行动更能让老公感动。

其实，每天为老公做一些力所能及的小事对于我们来说并不困难，只是在于能否坚持。梅清每天早上都为嗓子不好的老公冲一杯蜂蜜水，十多年都没有间断。老公一直看在眼里，对梅清也十分感激。每当他们有什么摩擦争执时，梅清的老公都会想起梅清每天早上的那杯蜂蜜水。只要一想起那杯蜂蜜水，梅清的老公就会想起梅清每天为这家付出的一切，自然也没心情生气了，反而会转过去安慰梅清。两个人因为这杯小小的蜂蜜水，日子过得也像蜜一样甜。

平日的一些细小的动作，我们可能自己都没有放在心上。但一点一滴堆积起来确实是家庭最甜蜜的回忆，不但能让我们的生活充满爱意，还能在多年以后每当我们的家庭出现纷争时充当"灭火器"，让我们想起时就不会再为了些小事去伤爱人的心。

所以，作为妻子，我们要时常为老公做一些充满爱意的小事。不用太过于复杂，只要充满了真诚，只要我们心怀对老公的爱意，那么就算像梅清一样每天为老公冲一杯蜂蜜水，那也是我们为老公做的，老公也会心怀爱意地接受。

爱是世界上最虚无的东西，看不见摸不到，然而爱同时也是世界上最具体的东西，因为它隐藏在我们生活中的每一个小角落。我们常常为生活中缺少爱而抱怨，那是因为我们忽视了很多爱的小细节。所以，我们要更加细心的面对生活，更加认真地对待我们的生活。经常为老公做一些充满爱意的小事就是认真和细心对待生活的体现。

男人都非常注意女人能给他们带来的生活中的爱意与温暖，因此也都非常注意那些带有爱意的小事。所以，作为妻子的我们，一定要非常注意，经常做些能表达我们的爱的小事，让我们的家沐浴在爱情的阳光中，随时散发爱的芬芳。

他的亲戚面前你要学会装模作样

　　爱情使是非概念混淆不清；强烈的爱情和骄傲的野心都是没有疆界的。

——约·德莱顿

　　恋爱的时候，你侬我侬，永远都是甜蜜醉人的二人世界，男人像个孩子一样天天黏着女人，而女人也天真地认为，很快将和心爱的男人步入婚姻殿堂，从此相伴偕老，做一对神仙眷侣。

　　结婚后才发现，自己对婚姻的认识太单纯了。中国的婚姻关系绝不是什么纯粹的男女结合，而是两个庞大家族系统的结合，一旦两个系统不能兼容，轻则磨擦不断，战火纷飞，重则会断送新生的小家庭。作为另一家族系统的新成员，男方亲戚喜欢以同一血统的身份来发表意见，比如"这个新娘子骨架很粗大呢"、"性格很开朗，但好像没什么礼貌"、"在私人企业工作，前景很黯淡呢"……这些评论多少会让你不舒服，你大可淡淡一笑，不放在心上，但凡福人都有个宽舒气象。再说了，这些评论也是正常的，接纳一个人总要有一个过程，切不可小心眼的记恨在心。

　　西方社会是以个人为中心，中国是以家庭为核心，中国人历来非常重视家庭，所以我们要处理好小家庭和大家庭的关系，在老公的亲戚朋友面前，表面功夫一定要做好，否则会伤及自身小家庭，破坏夫妻感情。

　　米妮是典型的凤凰女，家中独女一个，父母千娇百宠的，家境又颇殷实，早早就给她买了一套三居室。凤凰女偏偏看上了孔雀男宁，宁来自僻壤的贵州乡下，家里掘地三尺才把他培养出来。和米妮结婚后，宁也算在城里扎下了根。米妮不喜欢宁的亲戚来，她只想过温馨的二人世界。有一次宁请了几个亲戚吃饭，当着那么多亲戚的面，米妮搜宁的口袋，将他的钱包和银联卡搜出来，让宁很没有面子。

　　米妮就是想用这个举动，提醒宁的那些亲戚，不要随便进她的家，别想沾她的便宜，也别想破坏她和宁的生活。不仅如此，当着众多亲戚，米妮还不时损老公一两句，显示着自己下嫁的优越感和家庭地位。米妮的举动很伤宁的自尊心，他不再带亲戚上门，对米妮也日益冷淡下来，常常找各种理由不回家。米妮看似占了上风，她失去的是什么，只有自己知道了。

　　打断了骨头连着筋，对于中国人来说，家就是我们的根，是我们灵魂的归属地，怎么可能卡嚓一下轻易剪断，人为地切断，只会伤害老公很深。老公受了伤，自会以他的方式反击你，比如不回家，或找机会挑衅，或者在 BRA 买醉，或拒绝和你 SEX，等等。试想，老公跟你从认识到结婚一共才多长时间，而老公的亲戚都是看着他从小长大的，其中不乏对老公从小就非常关照的亲戚，那些经历你不曾参与，却是老公珍贵的记忆。无论如何，在老公亲戚面前，表面功夫请一定要做好。这样的女人识大体，知进退，处事圆融有度，老公会从内心感激你，会更加爱你，也会让夫妻感情更加深沉。

与米妮形成鲜明对比的是思思，在老公的亲戚面前，思思懂得扮回小鸟依人的乖巧模样。亲戚来了，她会递上烟，倒上茶。有时老公豪气万分地支使她去厨房炒个糖醋排骨什么的，她也会笑盈盈地应声去忙活，给足了老公面子，也赢得了亲戚们的夸奖。而且，在亲戚面前，她会时不时地夸上老公两句，让老公内心很舒坦，也很感念她的圆润得体。当然，事后，她会向老公撒娇，认低伏小可不是白认的，比如让老公给她洗个脚什么的，老公自然乐意成全她。

嫁给一个人，从来就是要附带着嫁给他的家庭的。中国式家庭，亲戚的影响力不可低估，一个新媳妇如果不能让周围的亲戚满意，和男方家庭系统水火不容，这个婚姻多少要受到一些影响，这些亲戚会通过种种途径，以明确或是隐蔽的方式，来破坏你们的亲密关系。反之，如果你能在男方父母及亲戚面前给足他面子，他会感觉很愉悦，也会让你们的婚姻共同体更牢固。

所以，有什么问题，要私下和老公协调。在亲戚面前就要给老公脸上贴金。也许有些亲戚不那么讨你喜欢，价值观和生活理念与你格格不入,有什么关系呢?你会和他生活一辈子吗?这世上又有哪个亲戚应该按照你的模板来制造?所以,放下自我中心,在老公亲戚面前做好表面功夫,不让老公难堪,也让家庭少些礁石。

永远不要说他父母的不好

> 谈恋爱是两个人的事情,而结婚则是两个家庭的结合。
>
> ——俗语

女人一旦进入婚姻的殿堂,就不再是一个人。和女人有联系的不仅有丈夫,还有丈夫的父母。因此,如何与丈夫的父母相处就成了女人面前的首要难题。

作为女人,一定要多体谅丈夫的父母,主动去了解他们、关心他们。聪明的女人应该用理解和宽容来赢得丈夫父母的认可和喜爱,用真心来换取他们的接纳。即使和丈夫的父母因为这样或者那样的原因发生了矛盾,聪明的女人也会巧妙地将矛盾化解,而不是跟其他人唠叨丈夫父母的不是。只有愚蠢的女人才会犯这样一个低级错误,到处宣扬丈夫父母的不好。

女人融入一个新的家庭,从生活习惯、处事方式等各方面来说,都会感觉到明显的不适应,可能会与丈夫的父母产生矛盾。女人如果真爱自己的丈夫,一定会想办法尽快适应新的家庭,使自己成为这个家庭中不可缺少的一部分。只有这样,丈夫才会更幸福，才能更爱女人。

　　双方一旦发生矛盾，女人千万不能指望丈夫无条件地站在自己这一边。即使丈夫的父母在某些做法上真的欠妥，也不能要求丈夫为自己"主持公道"。毕竟，另一方是生他、养他几十年的父母，他不可能对自己的父母说一些不客气的话。所以，女人千万不要让自己的丈夫夹在你们的中间，左右为难。如果这样，时间长了，正常的夫妻关系肯定会受到影响，两人的感情会越来越淡漠。

　　女人要想融入丈夫的家庭最好的一个办法就是和丈夫的父母经常沟通。因为双方都爱共同的一个人，所以很容易找到沟通的话题。双方发生矛盾之后，女人要通过和丈夫父母沟通，拉近双方的距离，消除隔阂。这样做，能更好地获取丈夫父母的好感和信任，彼此之间的关系会更加亲密融洽，家庭气氛会更加和谐，一家人会更加和睦愉快。

　　女人除了要和丈夫父母经常沟通之外，如果能掌握几个"讨好"技巧，那么女人一定是丈夫父母眼里的好儿媳。

　　比如，女人可以分析老人的心理特点，针对老人的心理特点做一些事情。人老了，疾病也多，所以他们很需要得到儿媳妇的悉心照料。女人千万不能因为自己工作忙，忽略了对老人的照顾。从老人的心理方面来讲，他们渴望被尊重。如果女人想做个好儿媳，一定要注意老人的自尊需求，夫妻二人在做决定的时候不妨先征求一下丈夫父母的意见,使他们感到自己还有用,是被尊重的。这样做,他们一定会对这个儿媳刮目相看的。再有,女人要想办法抽时间陪丈夫的父母多聊聊天,听听他们说话,使他们发泄一下内心的寂寞与苦闷。老人一般喜欢把自己的"经验之谈"传授给年轻人,所以女人千万不要表现出不耐烦,一定要耐心听他们讲完。至于做不做,那是以后的事情。

如果结婚后的女人能在与丈夫父母相处中,把握以上原则,掌握一定的沟通技巧,相信你们之间一定会架起一座感情桥梁,你们的家庭生活会更加和睦、幸福。

对婆家人好一邀功就会变味

> 迁就、容忍、屈服、接纳、适应、宽恕、谅解、妥协、韧力、认命，婚姻爱情可训练出"十项全能"。
>
> ——题记

小玲最近很委屈。结婚五年，小玲自认相较于其他媳妇，自己对婆家人的态度简直做得太好了。逢年过节的礼物衣服自然是少不了的，每年还给公公婆婆一人包一个大红包，时不时的还请小叔和小姑子一起吃个饭。前一阵子公公病了，小玲衣不解带的在病床前照顾了好几天。小玲认为，做媳妇能做到这样，自己已经非常厉害了，没想到，前几天闺蜜却悄悄告诉自己，说是在无意中听到小姑子和婆婆在背后说她的坏话。小玲本来不信，但既然闺蜜说了，小玲就在私底下打听了几天。这不打听不要紧，一打听小玲都快气疯了。

原来结婚这几年，婆家人一直对自己没有好印象，虽然自己各方面已经做得不错，但婆婆还是到处跟别人说自己的不好。小玲觉得很委屈，毕竟自己尽心尽力地为了婆家做了那么多，怎么就成了人家嘴里的"坏女人"了呢。看着电视上时不时上演的婆媳战争，小玲真的觉得自己已经很好了，为什么婆家还是觉得自己不好呢？

委屈的小玲实在憋不住了，找了一天晚上把事情跟老公说了，老公也觉得很奇怪，因为他也觉得小玲做得很好，觉得小玲在父母面前给他争了光。两个人一商量，就决定周末的时候开个家庭会议，一定要把问题弄清楚，万一要是有什么误会，那可要及时解开，以免以后事情越闹越大。

到了周末，一家人聚在一起，小玲哭着问自己到底有什么问题，为什么婆家觉得自己不好。小玲的老公也反复询问。一开始大家都不愿意说，还说小玲想太多，但经不住小玲和老公的反复询问，终于他们说出了真相。原来小玲什么都好，就是已给婆婆家办了点什么事买了什么东西就要告诉自己的朋友们，言语间充满了邀功的意味。

他们住的地方是个小城，社交圈子本来就小，小玲一说就说了五年，时间长了外面的人都以为是婆家人对小玲不好，小玲还一味忍耐。这事很快传到了婆婆的耳朵里，但婆婆又不能质问小玲，毕竟这是外人以讹传讹。可小姑子忍不住就到外面说了小玲的坏话。于是小玲越是邀功，越是要在外人面前显得贤惠，婆家人越是说她的坏话，以免自己被说成坏人。这一来二去就形成了今天的死结。

小玲的经历值得我们深思。媳妇和婆家的关系是这个世界上最微妙的事情之一，我们很难弄清楚。所以，在面对婆家时，我们只能秉持"多一事不如少一事"的原则，以求相安无事。所以作为媳妇，我们必须对婆家人好，这是我们不可避免的责任。可在对婆家人好时，我们一定要切记，千万不能邀功，一旦邀功，我们的努力就全变了味。婆家人可能觉得我们是为了向老公邀宠或是向外人卖乖才这么做的，他们会怀疑我们是否是真心对他们好。怀疑的种子一旦种下，那么就会无法遏制地生长。

可能我们会觉得，怀疑就怀疑呗，有什么大不了的。但我们要明确一件事，那就是，婆家人是老公的家人，他们对老公有绝对的影响力。如果我们忽视了婆家人的感受，那么我们和老公之间就会永远有一条深深的不可填平的鸿沟。因此，我们一定要重视婆家人，在对待他们时打起十二万分的精神，力求做到让人无话可说，不要因为一些微小的细节而给我们的婚姻带来灭顶之灾。

很多事实告诉我们，和婆家人关系不好的女人婚姻也很难幸福，这一点很多女性自己其实非常清楚。于是，越来越多的女人们开始为了自己的婚姻来开始讨好婆家人。但是，对婆家人好也要讲究技巧。我们必须谨记，千万不能邀功，只要一邀功，你之前做的努力就会全部白费。老公和婆家人都会对你印象大跌，而一旦发生这种情况，那么我们再后悔也没用了，因为人心是最难把握的。一旦婆家人对你的印象变差，那么就没办法再和以前一样了，这样的话，我们的婚姻也永远也不可能再和美如初了。

所以，对待婆家人，好就要好得真诚，好就要好得毫无杂质，只有这样才能赢得婆家人的支持。否则对婆家人好一分，就对老公邀十分的功，这样是永远不可能达到我们与婆家人和睦相处的目的的。

婆媳总会有不同，何必非要求同

> 知取舍，求同存异，志可行也。
>
> ——佚名

　　这个世界上最难的问题是什么？不同的人可能有不同的解答。数学家说是哥德巴赫猜想，历史学家说是金字塔之谜。要是让全世界的女人都来说的话，他们肯定会异口同声地说：肯定是婆媳关系问题！确实，婆媳关系永远都是困扰女性的问题。

　　刚结婚的女人最不能适应的，可能就是你生命中多出了另一个"妈妈"，但这个"妈妈"还与你的亲生母亲有所不同，她就是你的婆婆，你老公的母亲。曾经流行一个选丈夫的标准："有车有房，父母双亡"，这固然有搞笑的成分，但不能忽视其中包含的天底下的媳妇对婆婆的复杂情感。很少能有媳妇能和婆婆关系亲密的，一般来说，只要不吵架表面上关系不错就已经很难得了，真正亲如母女的婆媳几乎是不存在的。

　　对于婆婆，每个媳妇的感情都是很复杂的。作为老公的母亲，按理说应该受媳妇的尊重，但老人的想法和年轻人总是不同的。婆婆往往会认为媳妇抢走了儿子的注意力，俗话说"有了媳妇忘了娘"说的就是婆婆这样的心理。

一直以来，在母亲的心里自己一直是儿子生命中最重要的女人，在儿子心中有着绝对的权威。但是，突然，作为妻子的你出现在她儿子的生命中取代她成为老公心里另一个最重要的女人。面对这样的心理落差，婆婆的心里可想而知。作为媳妇我们只能尽量顺着她，以满足老人被理解的心理，时间长了关系自然会缓和。

年轻人和老人的心理自然是不同的，许多妻子难以理解婆婆的想法，甚至跟婆婆针锋相对，造成家庭关系的紧张。其实，现代人一般接受过高等教育，能够明白孝敬老人的重要性，于是对于跟婆婆的想法的不同之处，很多妻子选择了勉强认同。但勉强的终究不自然，很多婆婆甚至因此更加觉得厌烦媳妇。其实，在处理婆媳关系时，对于两个人之间的不同之处与其勉强求同，不如尊重其不同，求同存异，这样或许会把关系处理得更好。

小路结婚后由于新房没有装修好暂时跟公婆住在一起。开始的时候小路跟婆婆相处得非常好，婆婆对小路很好，人也很开明。小路觉得很庆幸，结婚前姐妹们说的婆媳问题自己几乎全没有遇到。小路为此还曾经多次向朋友炫耀过。但没多久，两个人之间的问题就出现了。婆婆生性节俭，穿衣服恨不得"新三年，旧三年，缝缝补补又三年"，小路给她买了新衣服因为多买了几件被婆婆很是说了几次。从这之后，小路为了迎合婆婆的习惯经常买衣服给婆婆就把标签剪掉,骗婆婆是自己妈妈的衣服没穿过送给她的。时间长了,渐渐地小路嫌麻烦也不给婆婆买衣服了。

结果小路不给婆婆买衣服了,婆婆心里却开始嘀咕了,认为小路是开始讨厌自己才不给自己买衣服了。自从婆婆心里有了这个想法,就开始觉得小路处处不合自己的意,觉得小路不孝顺,时时都能从中找出一些小路不好的"证据",婆媳关系急剧恶化。

其实,这件事里,小路一直都知道婆婆的习惯,但是她自己给婆婆买东西没有继续这是不正确的。要知道既然已经养成了习惯就要继续下去,突然改变才会引起老人的不快。老人总是会想的太多,突然改变习惯反而会让老人觉得你对她有什么不满。对于小辈给自己买东西,老人总是会唠叨几句,如果因为这样就不给老人买了,那才是真的不明智呢。如果小路能够一直坚持给婆婆买衣服,那么即使婆婆嘴上不说,心里也会对这个媳妇非常满意。

对于自己跟婆婆习惯上的不同,应该保持互相尊重。因为你毕竟不是跟婆婆生活一辈子,你们一起度过的时间只占你生命中的一小部分,何必在这些时间里勉强别人又勉强自己呢。保持自己的坚持同时尊重婆婆的习惯,不为了婆婆过分改变自己,但是也不跟她针锋相对,保持和平相处,这才是现代婆媳相处的王道。

把他的朋友变为你的盟友

　　幸福婚姻的前提是：各自努力去满足对方的需要。但是完全满足是不可能的，因此也应该学会明智地承认现实。

　　　　　　　　　　　　　　　　　　　　——奥斯本

　　婚姻问题现在已经成了社会问题的主流，越来越多的家庭正在面对着极为严重的婚姻问题。夫妻之间产生矛盾的原因有很多，其中有一个原因已经越来越引起人们的重视，那就是：有的女人不知道该如何正确看待自己丈夫的朋友圈，并且不知道该如何融入进去。

　　两性之间的差异体现在很多方面，对于同一件事物，男人和女人甚至有完全不同的理解和看法。就拿朋友来说，朋友对于男人来说是非常重要的，甚至可以到为了朋友甘愿两肋插刀的地步，可想而知男人是多么重视朋友之间的友谊；而女人则大大不同，虽然她们也很重视友谊，但是一旦结婚以后，女人所有的重心就全部放在了家庭生活上面，有时候甚至和曾经关系非常要好的姐妹都好几年也不联系了。这并不是说女人不重视朋友，只不过朋友和家庭相比，女人更倾向于家庭。有的女人正是因为不了解这种差异，才会因为丈夫的朋友圈与丈夫产生矛盾和冲突。比如说，有的女人不喜欢男人和那帮所谓的"狐朋狗友"来往密切，认为他们只不过是在拖老公的后腿，如果老公动不动就和朋友出去聚会，她们又会认为老公不务正业。这样的女人在和老公的朋友一起相处的时候，很容易爆发心中的不满情绪，并且还会感染男人身边的朋友，也会直接引发夫妻之间的矛盾。我之所以认为女人不知道如何融入男人的朋友圈是非常愚蠢的，就是因为她们忽略了朋友在男人的心中的地位，以及朋友可能产生的影响。而聪明的女人往往会非常重视该如何与男人的朋友们相处，并且有效地把朋友能够产生的影响变为对自己有利的一个因素，让老公的朋友成为自己的盟友。

每次小张要和老公一起去参加朋友聚会或者娱乐活动的时候，都会非常仔细地打扮自己，表现得端庄大方，给足了她老公面子。小张知道有时候朋友说的话甚至比自己还要管用，因此，她非常努力地融入这个圈子里，用自己的幽默和大方来感染老公的这些朋友，并且取得了非常不错的效果。

一次，小张的老公在酒吧里和朋友喝闷酒，因为两个人刚刚爆发了一场战争，为了发泄心中的怒气和不满，他在朋友面前一个劲地数落妻子的不是，朋友们听完他的这些牢骚之后说："你说你，多幸福啊，还不知足。嫂子不管说是外貌还是品行都属于百里挑一的，你还不知道珍惜。她在外面经常给足了你面子，在家里又那么细心体贴的照顾你的生活，就算你们之间有矛盾，你也应该主动去认错，嫂子那么好的人，你可别弄丢了。"大家你一言、我一语的劝解让小张的老公自愧不如，他很快回到了家向妻子道歉，两个人的之间的矛盾也解除了。

要知道，在有的时候，男人的朋友所产生的效果要远远大于你自己的苦口婆心。把男人的朋友变为自己的盟友其实就是在给自己建立"军队"。在你的国家爆发战争的时候，军队可以帮助你打赢战争。但是，女人还要注意的一点就是在融入男人的朋友圈时，既不要引起不必要的误会，也不要因为做的过头而适得其反。

先说外表。女人一定要表现得大方得体。不要浓妆艳抹，这样很容易给别人留下非常不好的第一印象，以后如果再想弥补，那么就很难了。淡妆反而能给他们一种清新自然的感觉。在和这些朋友相处的时候，不防把自己的长处和优点全都展现出来，比如说幽默、豪爽等等，幽默的女人往往对男人都非常有吸引力，当他们发现朋友的妻子很容易用幽默来带动现场的气氛，大家就会非常放得开，也会玩得非常高兴。下次你再和老公一起出席这种场合的时候，就会比较受欢迎。

从谈话内容来说，女人可以准备一些男人比较感兴趣的话题，这样比较容易打开话匣子。很多女人都有类似的经历，那就是在一起聊天的时候，发现男人和男人之间有他们的话题，自己根本插不进去，只好一个人在那里傻坐。因此，女人不妨准备一些男人比较爱聊的话题，或者是大家比较熟悉的事情，那样还容易拉近大家的距离。

女人还要注意的一点就是，如果在老公的朋友圈混得如鱼得水，一定要注意不要过界。有的女人和老公的朋友打的火热，甚至有些过分的举动，这样不仅会引起男人的不满，还会让其他的朋友认为女人是一个太过开放的人。

综上所述，一个聪明的女人往往懂得充分地利用自己的社会关系，和丈夫的朋友们相处并没有我们想象的那么简单，同样也并不是特别复杂。其中关键的一点就是化丈夫的朋友为自己的盟友，也就是将他们为自己所用。要知道，有时候自己无法解决的问题，也许他人的一句话就能轻易化解。所以说，女人千万不能忽视这其中的关联，要学会充分利用。融入男人的朋友圈，并把男人的朋友都转化为自己的盟友，这样才可以一箭双雕。

>>> chapter

04

第四章

家庭"战争"需要和平处理

  结婚后的生活往往令许多女性不适应，由此引发的一系列家庭战争也让人头疼万分。其实，这些并没有我们想象中那样可怕，只要用心、耐心、细心，那么我们的小家一定会幸福美满的。

夫妻相处贵在相知不相疑

> 只有视而不见的妻子和充耳不闻的丈夫才能有美满的婚姻。
>
> ——蒙田

钱钟书先生形象地把婚姻比作围城,围城是禁锢人身心的一道樊篱,索性人类就将婚姻摒弃算了。而事实上却不是这样,围城并非一无是处,既然叫围城,那就比围城外多了一份安全感,这种安全感来自婚姻中夫妻双方的信任。一个温暖的家,既可以遮风挡雨,也可以向对方倾诉自己的情感。

信任是男女进入婚姻殿堂的一道门槛,女人通常会对一个可以信赖的男人托付终身。古往今来的门当户对、媒妁之言大行其道,就是因为她如簧巧舌几番言辞之后,将男女双方的家庭背景、历史渊源、成长经历、言行举止等等,描绘得更可依赖,从而使信任感在双方心里更快地滋长。

很多妻子对自己的老公还是不能做到充分的信任和理解,造成了很多婚姻的"冤假错案",让老公和婚姻蒙冤,让感情也受到牵连。

好友王蒙的经历很值得我们深思:

我和老公结婚半年多了，老公是那种对父母孝敬对朋友仗义的好人。婚前婚后虽然争吵不断，却也一直感觉不错。因为工作的关系，我们现在两地分居，大约两个星期左右见一面。有一次，我去他租住的地方为他收拾卫生时发现了他和前女友的多张照片，当时觉得不相信自己的眼睛，因为老公以前说我是他的第一个女朋友，直到有一次他的一个哥们说漏了嘴，他才告诉我一些关于前女友的事情，知道后我觉得他之前的说法是欺骗我。

　　回到我自己的城市，我睡不好，吃不好，但又无法向亲朋好友诉说。最后我决定找个合适的机会问一下他保留照片的动机。那天，我让自己的心情尽量缓和，以表现出我的大度和宽容。他信誓旦旦地说他从没想过这些照片，他已经忘记她了。保留这些照片只是因为他不知如何处理这些照片。如果烧掉，他认为是对前女友的不尊重，他曾设想把单人的照片寄还给她，但一直未实现。我不信他说的话，我没能控制得了自己的情绪，质问了他一些我认为不可思议的问题，结果他抓起那些照片就要去烧。我给他抢了下来，让他不要当着我的面去烧，当天我们几乎一夜未睡……

　　后来我慢慢地想起我们之间的点点滴滴，觉得老公还是爱我的，可能我太在乎他了，实际上这不值一提。后来我调整了自己的心态，不再在乎了。可这事刚过去没多长时间，我偶然又从他的邮箱里发现了他发给前女友的一首诗。发现他发给前女友的这封信后，我一直在劝自己，不要太在乎，可我怎么也无法做到不在乎……

她的情况代表了很多的妻子的想法和心声，很多妻子对自己的另一半起了怀疑的时候，总能愈来愈多地发现他身上的"证据"、"问题"，来验证她的想象和推测是正确的。比如妻子觉得丈夫和前女友旧情不断，丈夫有什么应酬就觉得是和前女友出去了，丈夫的电话多了就认为是在和前女友联系，然后再对银行卡消费、话费清单一顿清查。说实话，没有人能消受得起这样的"细思量"，不管是不是有什么事，反正最终就是有"什么事"。

面对妻子的各种名目的"关心"和"为自己好"的狂轰滥炸，男人通常会在沉默中远去。不信任丈夫的女人可以设身处地为他想一下，每天面对着各种压力和诱惑，身体和精神都在处于紧张与焦虑之中，他渴望一个可以敞开心扉的环境来缓解压力。回到家，面对的是妻子一张满是怀疑不满的脸，可能还有手机的偷偷检视、私人邮件的被监视等一系列"间谍"活动，他心中除了厌烦和失望还会有什么。男人在家想要得到的身心的放松总是得不到满足，他会寻找一个可以得到放松的地方，比如酒吧、别的女人的怀抱。

夫妻之间的信任不是无本之源，是从日常生活中的小事一点点地建立起来的，妻子也不是一朝一夕就能把丈夫当作自己最亲近的人，调整自己的心态很重要。

所以，不要总拿"女人特有的敏感"来说事儿。很多女人觉得自己的第六感很准，尤其对于自己的男人，自己在电光火石之间就感应到丈夫"有情况"，自己要加强措施提防。这些神乎的事情还是不要抱太大的希望吧，如果真的有这些感应的话，为什么不在结婚前就感应到你的丈夫会出问题呢？

更不要把自己搞得像克格勃一样，谍报水平都专业化了，男人如果说他去应酬了，就不要再打八个电话去查岗了。相信男人，如果不是什么原因他为什么要欺骗自己的妻子呢？你费尽心思去查证这些资料是什么用心呢？想要证明你的感应能力、推理能力和侦查能力都是一流的么。知道自己应该知道的就可以了，不要把自己整得像谷歌一样，会被你的丈夫"和谐"的。

另外，要给男人留出空间，信任并不意味着两人之间没有空间、距离与界限。女人应该尊重男人需要独处空间的意愿，双方不妨坦诚地谈一下，列举自己在做什么事情的时候不希望对方打扰。在了解了对方真正的意愿后，双方可以签一个协定，比如："我在工作的时候，希望不被打扰"，"我在和朋友聚会的时候，希望不被打扰"……

这个和你要相守一生的男人值得给予最高的信任，即使他有过什么小的过失，也宽容地接受吧。

打好夫妻关系这道家庭根基

> 幸福的家庭，父母靠慈爱当家，孩子也是出于对父母的爱而顺从大人。
>
> ——培根

当宝宝出生后，妻子需要分出很大一部分精力放在宝宝身上，而且在不知不觉中份额会越来越重。妻子们可能猛然惊觉，在夫妻关系和亲子关系这座天平上没有做好平衡。

宇下班后疲累而颓废地站在家门口，他振作了一下精神，掏出钥匙。打开门，是妻子燕子忙碌的身影，耳边是孩子哇哇大哭的声音。宇重重地合上门，但并没有分散这位母亲一丝一毫的注意。在丈夫宇要求和妻子好好谈谈时，妻子是不耐烦的拒绝，因为她在忙着换尿布。丈夫继而向她大吼大叫起来，控诉着一年来她对他的忽略。而她的心中逐渐积蓄出了泪水——你知道照顾孩子是多么难的吗？而你都为这个家做过什么呢？这次争吵，使得夫妻之间的种种不满全部暴露出来。

妻子说道，宇变了，他不再是那个体贴入微的丈夫。自从有了宝宝之后，生活完全被孩子填满。不仅要在公司努力工作，每天还有这一大堆琐事，尤其是关于孩子的，一点儿疏忽都可能变成一件大事。而他却对这些视而不见。他不仅不帮忙，还拐着弯的找架吵。前面是一堆烦乱的琐事，背后又是他情感上的攻击，实在让自己有点儿力不从心，只能对他的态度越来越恶劣，我们的关系越来越降至冰点。

丈夫抱怨道，燕子变了，现在想要看到她的笑容是难上加难。自从孩子出生之后，她的脾气越来越暴躁，对我也越来越没有耐心。一开始我想要帮忙分担照顾孩子，但是她总是嫌我做得不好。之前我们总有说不完的话，但现在面对我的永远是她缺乏耐心的表情，我已经不记得我们多久没有正经说上一句话了。我不明白，难道作为一个孩子的爸爸，我必须要和我自己的孩子，去争夺我妻子的一点关注吗？

夫妻双方也许以前都没有预料到，婚姻生活的平衡会因为小生命的诞生而被打破。宝宝的尿布奶粉和啼哭让妻子手忙脚乱，疲于应对。原本属于夫妻两人的时间被理所当然地分割了，而这份分割出去的比重会越来越大，夫妻间轻声细语的时间缩减了，携手同游的机会减少了，甚至连做爱的次数也减少了。就这样，家庭生活的天平逐渐倾斜向亲子关系这一边，夫妻关系的筹码仿佛越来越少。

妻子们都忽略了，他们是先成为夫妻，而后才成为父母。伴侣关系在父母关系之前出现，拥有优先权，然后通过孩子体现他们的亲密融洽。就像树根支持和滋养枝叶一样，首先出现的夫妻之间的爱支持和滋养着他们对孩子的爱。在一个家庭中，如果父母对孩子的爱比他们之间的爱重要得多，爱的法则就会被扰乱，家庭就面临不能正常发挥功能的危险。

所以，不如偶尔重温一下从前的二人世界吧。将孩子托付给朋友或家人，去逛逛公园，看一场电影，讨论一些最新的八卦或电影情节。将宝宝和家庭琐事都抛掷脑后，在只有两个人在的空间中寻找下当初恋爱的感觉，及时修复下有倦怠趋势的夫妻关系，重回甜蜜。

与其用责备来打击丈夫的育儿积极性，不妨耐心点儿把他培养成育儿高手。只有当他了解了妻子的辛苦，才能更好地建立健康的夫妻关系和亲子关系。这样的他会更加理解你这段时间对他的忽略。即便工作繁忙，几个小时，甚至几十分钟也还是可以抽得出来的。妻子别总把自己当成育儿的一把手，适当的时候示示弱，让丈夫也有表现的机会，这丈夫可以更好地融入家庭生活中，从而稳定亲子关系和夫妻关系之间的平衡。

实时的沟通很重要。抱怨是最无法解决问题的方法，只会让情况变得更糟。如果你有对对方的不满，为什么不及时和他沟通解决呢？谈话的时候应当平静而恳切，双方来研究出怎样能达到平衡的状态。时常交流，告诉他你对他某些行为的不满，比唠叨抱怨和发火更有效果。

妻子也要学会适当放松自己。别让自己茫然地进入忙忙碌碌一手包办的境况中，适当偷个懒，打扮下自己，如果夫妻关系确实开始紧张，先反省下是否真的需要调节下生活节奏了。周末全家总动员，一起出门逛逛吧，进行一些全家人都可以进行的健身运动，这正是让家庭气氛和谐的好方法。

　　我们的家庭是由夫妻关系和亲子关系组成，不要让夫妻关系和亲自关系的天平失衡，并且两组关系都要好，这个家才会好。

靠承诺维持的婚姻只是一把纸伞

美好的东西总是短暂。一旦进入婚姻,这些承诺就变成了"豆腐渣工程",一有风雨便飘摇不定。

——题记

婚姻是一座围城,而这座围城是由承诺堆砌的。所谓海誓山盟,所谓海枯石烂,女人自然而然觉得,在这座用男人的承诺堆砌起来的围城中,她们就像是进了保护伞,风雨不侵,岁月难蚀。

爱情总是美好的,恋爱中的女人总以为爱情是亘古不变的,在爱情的漩涡中,男女之间的热情被彼此引燃,总是会在忘情的时刻轻易许下诺言,"爱你一生一世,永不后悔",然而彼时的他们都忘记了这样一个真理:美好的东西总是短暂。一旦进入婚姻,这些承诺就变成了"豆腐渣工程",一有风雨便飘摇不定。

闺蜜在两年前结婚了,结婚时的她幸福得就像是刚开的月季,灿烂得让人心驰神往,看到如此幸福的她,惹得我们这些还在围城外转的人小小嫉妒了许久。然而当轰轰烈烈的爱情转化为平平淡淡的柴米油盐,她才发现原来男人的承诺根本就不值得相信。结婚前,她老公承诺永远站在她这一边,不论是对还是错的;永远不会让她伤心；永远不会让他们的爱情也变得平淡无奇……这些美丽动听的承诺，让她决定在最美好的年纪嫁给这个没房没车的男人。然而仅仅两年之后，不久前的一次聚会中，她大倒苦水，那些海誓山盟此刻从她嘴里说出来简直比烂稻草还不如。

结婚后，女人总是能轻易地发现男人的承诺变得不堪一击，总是会抓着这些把柄与男人理论个没完，但却很少回身看看自己的所作所为。在结婚前，你是否也承诺过他，这辈子不会与他的母亲正面冲突；不会让他夹在你们两个女人之间受"夹板气"；不会在亲戚朋友面前不给他留面子；不会平白无故地胡搅蛮缠。你做到了吗？

轻诺必寡信，在婚姻中同样如此，彼此都以为只要许下了承诺了便是进入了保护伞，但是却都忘记了这保护伞有时候也需要修一修，也需要扶一扶。

我见过一对关系很好的夫妻，他们结婚有三十几年了，但是一直很和睦。记得女主人跟我说起过，当初她嫁给他老公的时候，她老公的家里人都认为她们的婚姻不会长久，因为彼此的差距太大，不是仅仅有爱就足够了。有一次，婆婆与小姑子在她老公那里嚼舌根子，她老公是很孝顺的人，他没有直接顶撞他母亲，只是很坚定，用那种不容置疑的口气跟他妹妹说，他认为他的妻子已经做得很好了，即使有哪里做得不是那么周全，那他会用自己的眼睛看，说完他就用那种平静地眼神看着他母亲。彼时，她下班回家，正好看见了这一幕。她说她从此下定决心，不论别人多么不看好他们，她都会永远在这个男人左右，不离不弃。

一段长久的婚姻不仅仅是靠爱，更是靠经营。这话也许很多人都会说，但是真的在做的又有几个呢？撑起婚姻的保护伞的不是承诺而是行动。当围城出现了裂缝，出现了危机，你是任由它随风摇摆还是主动地为它添砖加瓦，让它继续保持稳固呢？和谐的婚姻关系中双方是平等的地位，而不仅仅是男人一味的承诺。

一个聪明的女人懂得经营自己的婚姻。男人都有一种征服的欲望，聪明的女人懂得利用男人的这种欲望，总是让男人在若即若离之间感受到一个独立女性的无穷魅力。曾经有一位名人说："我在精神上依赖我的丈夫，他也依赖我。"这话给在围城中的女性一个建议，你是作为一个独立的个体与你的丈夫结合的，即使在结婚后，你还是独立的个体而不是他的附庸，你们应该是精神上彼此依赖，而不是个体上的互相禁锢。

如果有一天你明白了承诺不是婚姻的保护伞，为你们的婚姻保驾护航的是你们彼此的行动，是用心的经营，相信你们会是下一对可以携手今生的伴侣。

求同存异,是水火相容的奥秘

人生就像音乐,要错落有致才会动听,一样的曲调听一辈子不论谁都会厌烦,如果两人有些差异,那么我们在差异中寻求和谐的道路会比一帆风顺的康庄大道更加美好。

——题记

小林和小张是一对80后小夫妻,刚恋爱不到一年就如胶似漆,不久就结婚了。但是才结婚不久,刚过蜜月期,两人的问题就出现了。小林是南方人,小张是北方人,两个人各方面的生活习惯都不一样,以前谈恋爱时还没什么,现在结婚了,从前没注意的生活细节现在却经常让他们吵架,就连饭菜的口味都是他们几天不说话的理由,而且两人遇事的思考方式也南辕北辙,因为这个,夫妻俩才过完蜜月就开始冷战。都是80后,都是独生子女,以前在家时就是小霸王,现在结了婚也丝毫不肯让步,于是两人的关系越变越僵。身为妻子的小林开始拒绝做饭,丈夫小张则开始早出晚归甚至夜不归宿。本来恩爱的夫妻俩就因为生活习惯的不同在短短的时间内形同陌路,"战争"激烈时甚至水火不容。

像小林和小张这样的例子在我们的身边比比皆是，多少恩爱的夫妻因为一点小小的差异就走向分手，多少和谐的家庭也因此面临破碎。其实，我们有没有想过，这个世界上没有哪两个人是完全一样的，夫妻俩也是这样。我们总是要求丈夫跟我们保持步调一致，但其实，在生活中，有差异的夫妻生活才更和谐。

吃饭的口味不同可以给我们带来更新鲜的体现，遇事的思考方式不同可以让我们用全新的角度看世界，一切的差异都可以为我们的生活带来新的情趣，夫妻间只有有些小小的差异才能让生活的曲调更和谐。事事都保持一样，夫妻俩都能熟知对方的每个动作每个想法，这是多么恐怖的人生啊，这样的婚姻注定走不长远。

每个人都有那么几个所谓的"青梅竹马"，从小一起长大的纯真感情更是令很多人回味，但是，这样的青梅竹马又有几对能一直走下去呢，到最后大部分还是朋友。这是为什么呢，主要原因就是太过于熟悉了。爱情与其他感情最不同的就是爱情是有保质期的，因为不像亲情那样有血缘的维系，也不像友情那样云淡风轻，爱情是如此脆弱而浓烈。同时，爱情也是家庭的基石。因此，想要维系我们的家庭就要维系我们的爱情，而想要维系爱情，就要不断给爱情注入新鲜活力。当我们每天苦苦思考该怎样让我们的爱情历久弥新，又在烦恼跟丈夫差异太多时，我们应该想到，何不利用这种差异，给我们的生活增添一些好的改变呢。

都说夫妻生活要和谐，但这种和谐并不意味着要完全一致。相反，要有些差异才能使夫妻生活更加和谐。悄悄地为丈夫准备一些他的家乡菜，互相聊点彼此的家乡事，这些不都是为夫妻生活增添情趣的法宝吗？人生就像音乐，要错落有致才会动听，一样的曲调听一辈子不论谁都会厌烦，如果两人有些差异，那么我们在差异中寻求和谐的道路会比一帆风顺的康庄大道更加美好。

孔子曾经说过"君子和而不同"，这对于我们的夫妻生活也同样适用。没有差异的婚姻是不存在的，如果为了一点小矛盾小差异就将婚姻逼入死局，那我们的人生未免也太经不起波澜了。在消除差异的过程中，我们能更加深入的了解彼此，将爱情带来的冲动转化为细水长流的温情。这样，在面对日后可能面对的种种困难时我们才能更加从容，我们的情感也将更加牢固。

夫妻间有差异是件好事。对于女性来说，我们不能一味的屈从丈夫，但是也不能事事跟丈夫对着干。在对待夫妻差异这个问题上尤其如此。我们要尊重丈夫的习惯，但面对一些不良的生活习惯或是不正确的价值观时，我们也要能做到坚决地向丈夫说"不"。这样的女性才是丈夫以及众人心中的好妻子。任何事情都是相对的，不尊重丈夫的女人丈夫自然也不会爱她；尊重老公的女人老公自然也会更加疼爱她。每个人都是平等的，当我们因老公的习惯跟我们有差异而斥责他们时，我们又可曾想到，我们有什么权利这样做呢。

只要不是违法犯纪,只要不损害他人利益,即使是两个人的生活习惯等等方面存在差异又能怎样呢?这不应该成为我们婚姻中的障碍。而是应该学着习惯它们,在熟悉这些差异的过程中,增进两人的感情,逐渐磨合,最终找到一个两人都满意的生活方式。

相互有差异的两个人在一起的婚姻是充满了冲突与激情的,正是这种冲突与激情才能使我们的婚姻更加美满。所以,千万不要试图消除你和你老公间的所有差异,因为差异使夫妻生活的乐章更和谐。

"恩情仪式",我们都需要

> 蜜蜂从花中啜蜜,离开时营营的道谢。浮夸的蝴蝶却相信花是应该向他道谢的。
>
> ——泰戈尔

每一个美满的小家庭都是有自己的秘诀的,很多女性都想知道到底什么才能让婚姻幸福。其实答案非常简单,那就是用恩情而非爱情来维系婚姻。用感恩的心来面对婚姻中可能遇到这种种问题,这样我们自然会对老公多一份包容。

对于家庭生活来说,光有爱情是远远不够的,爱情不足以帮我们应付多种生活上的难关,还要靠恩情来帮助我们。"恩情仪式"就是能帮助我们建立起恩情的方式。每天上班前的一个拥抱,睡前的一个亲吻,甚至饭后你洗碗他帮你擦干,这都是我们的"恩情仪式"。说是"仪式",但其实并不需要十分郑重。一些小的动作可能就是独属于你们俩的"恩情仪式",对于夫妻俩来说,这些小动作价比千金。

谁说老人不浪漫,记忆中外公一辈子,只要跟外婆在一起,每天都会帮外婆梳理头发,60多年未曾改变。60多年的风风雨雨,只要一想起外公给她梳理头发的样子，外婆就会觉得什么事情都不重要，什么难关都能度过了。相伴一生的两个老人就是靠梳头这个小小的动作支持他们度过了漫漫的人生旅途。这就是独属两人的"恩情时刻"。

许多被我们忽视的细节，在往后的日子一想起来可能就会觉得无比甜蜜。"恩情时刻"就是这样的细节。人生的路上有许多我们意想不到的事情会发生，在面对我们的婚姻时，我们可能不止一次地产生困惑和疑问，可能也会有过放弃这样的想法。但是每当我们回忆起属于我们自己的小家的那个"恩情仪式"，回忆起两个人充满甜蜜的互动，这样的想法自然而然就会消散。这就是我们为什么这么重视"恩情仪式"原因。因为靠着这份恩情，我们的婚姻才能走得更远。

相比来说，"珍珠时刻"就是更高的心灵追求了。所谓的"珍珠时刻"就是夫妻俩一起做那些共同感兴趣的事情的时间。"珍珠时刻"不需要激情四射，也不需要多么惊心动魄，要的只是脉脉的温情。只要两个人在一起，达到那种心灵相通的境界，那么这一刻就是你和他的"珍珠时刻"。"珍珠时刻"朴素而不浮躁，是平淡生活中最名贵的一颗珍珠。

现代社会，人与人之间的关系越来越淡薄，就连爱情和婚姻都越来越脆弱。人们似乎很难感受到"幸福"的存在。所以，大家都在讨论，怎么样才能拥有快乐和幸福。美国的大卫·梅尔博士通过大量的研究发现,"有意义的爱的关系"最能带来人间的幸福。

近来,谢霆锋和张柏芝这对久经波折一直被视为是模范夫妻的佳偶传出"婚变",众人闻之,都大呼"我再也不相信爱情了。"正是因为这种对爱情的不信任感导致了现在"恐婚症"大为流行,尤其是在富足的大都市中,人们在享受物质的丰富的同时,更加显现出精神生活的苍白贫乏。人们对爱情已经不抱信任,自然,离婚也成了现代人的"家常便饭"。在这种情况下,拥有一个属于你们俩的"珍珠时刻"更显得弥足珍贵。

美满的婚姻不能单靠感觉或是性方面的契合,夫妻之间完全的知心和深切的契合才是我们应该追求的幸福生活。成功主持了芝加哥恩爱夫妻营的著名婚姻治疗心理学家黄维仁博士在谈到婚姻时曾提到:婚姻是一种完全的委身,并且一生一世与对方完全地分享自己的整个人。要做到这一点,我们必须与老公培养共同的兴趣爱好,达到精神上的完全契合。

说实话,要做到精神上的契合并不容易,那种心灵相通的感觉并非一朝一夕能够形成的。这时,我们就要依靠夫妻间的"珍珠时刻"来帮忙了。每天挤出一段时间,跟老公一起做点喜欢做的事,或读书看报,或散步观景,只要是两个人都共同感兴趣的事,我们都可以去做。就好比黄维仁博士,他和太太多年来都在精心培养自己的"珍珠时刻"。比如每天晚饭后,两人都会经过一个果园,并去采摘一些新鲜的水果,每周夫妻俩都会一起去教堂做礼拜。无论多忙,他们都会留出两人独处的时间,让感情在这平静的时刻中慢慢发酵,最终沉淀成最美好的"珍珠"。

  我们希望自己的小家庭也能美满和谐、恩爱隽永,那么我们就要记住,"恩情仪式"和"珍珠时刻"是必不可少的。有了这两样法宝,家庭就会始终处于和谐的状态中,即使微有波澜,也能很快平息。拥有"恩情仪式"和"珍珠时刻"是每个和美小家的共同点,做好这两点,家庭自然没有那么多烦恼了。

既是情人，也是朋友

> 婚姻产生人生，爱情产生快乐，快乐消灭了，婚姻依旧存在，且诞生了比男女结合更可宝贵的价值。故欲获得美满的婚姻，只需具有那种对于人类的缺点加以宽恕的友谊便够。
>
> ——巴尔扎克

陈奕迅的《十年》这首歌想必大家都曾听过，歌中写道："只是那种温柔，再也找不到拥抱的理由，情人最后难免沦为朋友。"确实，很多情人很多夫妻，在一起很多年之后，爱情就会渐渐消失，取而代之的是亲情或者是友情，有些夫妻选择继续在一起，有些则选择和平分手。

不论是哪种结果，向来都有些令人唏嘘。曾经的海誓山盟现在已经平淡如水甚至分道扬镳。这是否让现在还处于蜜月期的你有些心惊胆战呢？那么，怎样才能让你的爱情永葆青春呢？其实很简单，只要身为老婆的你能够身兼情人、老婆和好朋友这三个身份，那么你就能让老公永远也离不开你，只要在适当的时间调整和转化角色，那么老公就会一直爱你下去。

每个男人都希望有几个红颜知己，来满足自己不同的心理需求。因此，为了不使老公向外发展，身为妻子的我们，只能力求自己兼顾几个不同的身份角色，能解决老公所有的需求。

其实，现在已经有很多女性意识到妻子应该兼顾情人和太太两个身份。在人们的传统印象中，女人一结婚，身份只要变成了别人的老婆，那就意味着离黄脸婆已经不远了，照顾老公、做家务、照看孩子还有自己的工作。

这些繁重的工作很容易让你年华老去，美貌不再。而女人们也认为，结了婚就不应该打扮得漂亮，只要穿得性感些，妆化得艳丽些，就会有人指责你不安于室。但现在，女人们已经意识到，不会打扮自己，不懂得运用些小技巧让自己的爱情常在，那么即使你为了家庭付出的再多，当老公外面有了情人，你也没办法留住他。

经典港台电影《97家有喜事》中，吴君如饰演的大嫂，中学一毕业就嫁到了常家，辛辛苦苦操持家务，照顾一大家子的日常起居，为了家庭付出了自己的一切。但是当年华老去，往日的美丽不再，丈夫就开始厌恶她，并且在外面保养了一个情人。老公甚至羞于跟她一起外出吃饭，觉得她丢人。

更有甚者，在情人找上门时，老公居然帮着情人把大嫂赶出家门。但是当大嫂在外工作，努力打扮自己提升自己的形象，而情人则在家干家务逐渐失去魅力时，老公又返回去追求妻子了。最后的结局虽然是大团圆，两人和好了，但是大嫂的经历值得我们每一个女人引以为戒。单纯的只会做老公的老婆是留不住男人的心的,要适当的把自己当成老公的情人,搞些小情调小浪漫,不能忽视打扮自己,只有这样才能让老公的眼光长时间停留在你的身上。

要知道,女人的衣柜里永远少一件衣服,男人的心里永远希望多一个女人。对于男人来说,他们永远不可能心里只装了一个女人,甚至幼儿园曾经拉过辫子的小女孩都会停留在他的记忆里成为日后的美好回忆。因此,我们不能要求成为他心里唯一的女人。但是,我们一定要成为他心里唯一爱的女人,唯一重视的女人。而这一点单靠美丽的外表是远远不够的,我们还要能和老公达到心灵上的契合。

"红颜知己"对于每个男人来说都是个特殊的存在,都说男女间没有纯友情,男人们的女性"好朋友"绝对是每个老婆的噩梦。但是我们又不能勒令老公不跟任何女性交往。如果跟老公吵架,老公反而会认为你不懂事,更加向别的女人靠近。很多年轻貌美的妻子就是输在这些其貌不扬的"红颜知己"身上。

毕竟,美貌是一时的,如果没有内涵,不能跟上老公的脚步,那么就会被那些能跟得上老公的思维,跟他有共同语言的"红颜知己"们打败。但是,很多女人都不知道怎样面对这样的情况,有些女人开始更加用心的打扮自己,殊不知在老公眼里这更是你没有内涵的体现。其实,最简单的做法就是:你也变成老公的

"好朋友"。

如果你也变成了老公的好朋友,能够跟他有共同语言,能够跟他达到心灵上的契合,同时又会打扮自己,又能够在家务上、生活上照顾他,那么,男人又有什么理由离开你再找别人呢。

女人要能兼顾情人、太太和老公的好朋友这三种角色,说白了其实就是要求妻子们既能"出得厅堂,入得厨房",又能伴男人"红袖添香夜读书"。要做到这些,说简单不简单,说难其实也不难,只要我们能多花些心思,努力在各方面充实自己,自然可以轻而易举的做到这些了。

"三分钟沟通法",每天都能乐融融

> 在婚姻上,最具毁灭性的问题在于缺乏沟通,尤其是爱情、性和金钱方面。
>
> ——奥茨

每个女人都会思考一个问题,对于家庭来说,每天最重要的事是什么呢?是爱情?是财富?还是别的什么?这是很多人都会有的疑问,大家都希望能够通过解答这个问题让自己的婚姻更美满。其实,在婚姻中,最重要的事应该是沟通。

再有钱,你和丈夫感情再好,没有沟通婚姻照样进行不下去。每天沟通三分钟,对于家庭的意义远大于很多人的想象。很多夫妻结婚多年后就会忽视沟通的重要性。我们常常会觉得老夫老妻的,沟通什么的会显得很矫情。殊不知,一时的不好意思,一时的懒惰,会给我们的婚姻造成严重的影响。

想必大家都听过"七年之痒"这个词。所谓的"七年之痒"就是指许多事情因为发生到第七年就会发生许多不以人的意志为转移的问题,婚姻当然也不例外。现在我们一般指婚姻到了第七年可能会出现各种问题。主要是因为婚姻的平淡规律让我们感到乏味无聊，要经历一次危机的考验，主要是指可能发生婚外情、"外遇"、"偷腥"等现象。美国著名女性玛丽莲·梦露主演的电影《七年之痒》就是以此为主题。"七年之痒"几乎是每对夫妻都会遇到的事，如果我们能走过这一关，那我们的婚姻在未来就基本能平静度过，反之，夫妻两人可能就会因此而分道扬镳了。

我们总是希望自己永远不会遇到"七年之痒"，希望自己跟老公永远恩爱。但这是不可能的，没有哪对夫妻从不吵架、从来没有矛盾。主要是能否及时解决矛盾，这也是我们能否平安度过"七年之痒"的关键所在。那么，我们怎样做到呢？只就要靠"沟通"了。

很多时候，不是我们没有办法解决问题，而是我们往往会忽视问题。我们往往会忽视"沟通"的重要性。其实，如果我们每天能保证跟老公沟通三分钟，那么许多可能会破坏我们婚姻的事情都不会发生。尤其是外遇。其实，男人发生外遇，主要原因就是妻子难以给他带来幸福的感觉，让他不自觉地向"外"发展，寻求家庭以外的慰藉。如果我们能及时跟老公沟通，了解他的所需所想，给他他想要的，那他们怎么可能还会在外面鬼混呢。

凯涛是个事业有成的商人，同时也是朋友圈子里男女关系最混乱的。他的妻子一个月都不一定能见到自己的老公一面。朋友们都觉得很奇怪，因为凯涛和妻子是患难夫妻，相濡以沫二十多年，怎么会在凯涛成功时关系迅速恶化呢。大家本来以为是凯涛成功后抛弃糟糠妻，于是纷纷指责他。一开始凯涛还不说因为什么跟妻子反目，只是转移话题。后来，见朋友们一直苦苦劝说才说出真相。

原来是凯涛成功后，家庭条件越来越好，妻子之前跟他过了那么久的苦日子，现在条件好了就开始只注重享受。本来这也没什么，凯涛也觉得应该补偿补偿妻子。但没想到，妻子一玩起来就忘了一切，经常一去旅行就是几个月不回家。凯涛工作那么累，回到家想找个人说知心话，结果却只能看见冷冰冰空荡荡的大房子。于是凯涛也开始不回家，渐渐地在外面认识了一些不三不四的女人。妻子发现后非常生气，开始跟他吵架。本来想跟妻子重新建立感情的凯涛也因此没了心情。于是，妻子觉得凯涛心不在她身上，于是越发不回家，凯涛见妻子总不回家也就跟更多的女人鬼混。事情就陷入了这样的僵局。"我就是想找个人说说话啊。"凯涛这样感叹着。

这样的例子并不少见。妻子们忽略了沟通，导致家庭矛盾没有及时得到解决，于是愈演愈烈，最终不可收拾。但其实，只要我们每天花上三分钟来跟老公谈谈心、聊聊天，那么很多事情就能化解于无形。反之，只顾自己，忽略了老公的感受，老公在你身上找不到被理解被需要的感觉，那么自然会想着外面的女人。任何事都要先从自己身上找毛病，老公出轨了，要先想想自己有没有做好，是否满足了老公的需求。要知道，不是做好饭、洗干净衣服、照顾好孩子就是尽到了妻子的责任。满足老公心理上的需求也是妻子的重要责任之一。

常言道"有情饮水饱",有感情的生活即使不是那么富足,也会让人心生暖意留恋不已。每天都能和老公沟通,理解他的所有心事,这样的婚姻不就是有感情吗。能每天跟老公沟通三分钟,这样的妻子才是真聪明。

想要什么就开门见山地说

> 真诚是一种心灵的开放。
>
> ——拉罗什富科

女人有的时候会犯这样一个错误,明明很想要什么东西却不直白的说,反而遮遮掩掩,想方设法掩饰自己的愿望,但还绞尽脑汁的暗示老公:我想要×××。我们总妄想自己能和电视小说一样跟老公心有灵犀,自己想要什么只要一个眼神老公就能明白。

可想而知,妄想就是妄想,谁都没有读心术,现实生活中也没有哪个男人能像电影《倾听女人心》里的刘德华那样能听到女人的心声。我们如果想要什么,最好开门见山地说出来,跟老公说明白为什么想要,只要不是太过分的愿望,老公一般都会满足你。如果你遮遮掩掩的要老公去猜,你认为这是情趣,你认为这样不会让自己显得没有身价,却不知道,男人最讨厌的就是这样的女人,他们认为这样的女人心机深沉难以交往。

每个男人都希望自己的老婆像小龙女一样纯洁无暇,但现实生活中怎么可能会有小龙女,于是男人们就会自然而然的对那些直白没有心机的女人产生好感。每天把自己的生活过得像《金枝欲孽》一样的女人，不但累了自己，也难获得男人的好感。每天见识着都市里的那些如玫瑰般拼命释放热力的"女强人"，男人们都会对心机深沉的女人过敏，再让他们娶这样一位妻子，我想没有哪个男人会欢喜的接受吧。真正能让男人动心的女人是像百合一样美好纯洁的女性。想要就要想什么就大胆表露出来，这样直白纯真的女人男人怎能不爱。

想要什么就开门见山地说出来的女人有着纯真的心灵，同时她们也是有勇气的女人。只有用勇气对自己有信心的女人才敢在老公面前大声表露自己的欲望，因为她们对自己有信心，她们知道老公是不会拒绝自己的请求的，所以她们敢说敢做。同时他们也是纯真的，这样的女人必然不会贪得无厌，提出一些非分要求，只要一点小小的惊喜就能满足她们，对于她们来说，老公的爱才是最重要的。

男人在心里最欣赏的也是这样的女人，因为她们不小心眼不小家子气。男人不用费尽心思去猜她们在想什么，只要满足她们提出的那一点小小的愿望，那么她们就会全心全意地爱你回报你。

真诚永远都是爱情和家庭的基础，如果连自己对自己的老公都保持你那所谓的"矜持"，那么这样的婚姻也就没有了存在的必要了。对待老公真诚，首先就要大方地告诉他们你的愿望和你的想法。想要什么就说，男人不会对妻子太过吝啬，但男人会讨厌一个连说都不敢说出来的老婆。只有你说了自己的愿望，以后你们才能互相坦承自己的想法，以后的人生中你们也会减少了很多产生误会的可能性。

　　老婆能直白的对老公说出自己想要什么，老公也会觉得很有成就感。他们会觉得这是老婆信任自己的表现。要知道，当你们结了婚，你们就了一家人，而一家人之间是不需要任何的客气和矜持的。只有纯然的信任才能让一个毫不羞涩的对一个男人说出自己想要什么，这个道理男人也是明白的。

　　小说《傲慢与偏见》是闻名世界的文学名著，很多女性为了其中的爱情故事而沉醉。看到伊利莎白和达西先生间产生误会，大家都会觉得为他们着急。其实伊利莎白和达西先生见缺少的正是真诚，如果他们能坦白地告诉对方自己的想法，那么很多误会就不会产生了，他们的爱情也会顺遂很多。当然，这是小说，不可能一帆风顺，但是我们是生活在现实生活中的，对于我们来说，误会是越少越好的，如果我们能够减少误会的发生，那么就一定要去做。婚姻并不是坚固万分的，只有我们的细心照顾才能一点一点的让婚姻继续走下去。

　　婚姻中的两个人，尤其是女人，一定要向对方坦白自己的心声。很多人认为女人就要矜持，开口向别人要东西是一种"不要脸"的行为。确实，女人不能轻易向别人要东西，但那是对"别人"，而不是对我们的老公。对待老公，想要什么就要坦白地说出来，这样既能满足自己的愿望，还能满足老公被需要的欲望。如果不说出来让老公去猜,可能最后你也没得到你想要的,老公也会觉得你很烦。两个人都被满足了是什么情况,两个人的愿望都落空了是什么情况,我想,聪明的你一定会选对那个最好的结果。

你需要多听听"老男孩"的委屈

　　学会倾听是你人生的必修课;学会倾听你才能去伪存真;学会倾听你能给人留下虚怀若谷的印象;学会倾听,有益的知识将盛满你的智慧储藏室。

——题记

　　2010年,一部名为《老男孩》的电影风靡大陆,在人们,尤其是男人中,掀起了巨大的浪潮。它讲述了这样一个故事:一对中学的好朋友,在他们中年时组成乐队参加"欢乐男生"选秀,因为一首歌让他们回到青春,回到过去。其实,在生活中,所有的男人都是"老男孩",不论他们处在什么社会阶层,他们都有自己还未实现的梦想,都有自己的坚持。

　　但是,现实往往是残酷的,人们很难实现自己最初的梦想,因此,作为妻子,我们应该学会倾听这些在现实中遭到打击的"老男孩"的委屈,安慰他们,给他们前进的动力。

　　人们常说"老小孩",其实,男人也和小孩一样。他们固执地坚持着自己的梦想,即使有再多的痛苦也不会轻易说出口。但是,他们毕竟也是人,当遭受了委屈时,他们也希望能有一个人来倾听他们的痛苦和委屈。这时，就该是作为妻子的我们出场了。这也是妻子的责任之一。

要知道，作为妻子，你的责任不仅仅是做好家务照顾好老人孩子那么简单，那样的工作家政保姆就可以，不是非要妻子做不可。作为妻子，你更重要的任务是跟老公交流，理解他的想法，明白他的痛苦，用你的温柔来温暖他伤痕累累的心。

社会是毫不留情的，任你怎样努力，任你有再大的权力、再多的财富，总是有东西是你得不到的，总是有理想是你无法达成的。因此，每个男人都是本内容丰富的书，不论他们表面怎样豁达怎样没心没肺，在他们的心底，都希望能有一个人来倾听他们的心声，了解他们的委屈和痛苦。如果身为妻子的你没有能力做到，而其他的女人做到了，那毫无疑问，你的婚姻也走不长远了。所以，就算是为了稳固你的婚姻，我们也该学会倾听那些"老男孩"的委屈和心声。

英国BBC电视台出品的魔幻电视剧《梅林传奇》的男主人公之一亚瑟王子，就爱上了一个长相平凡的女仆圭尼维尔。大家都为此感到惊奇，其实，王子爱上女仆的主要原因就是她有着一颗温柔的心，能够理解亚瑟的痛苦。亚瑟身为王子，从小在父亲和全国人民的期待中成长，大家都觉得他应该非常幸福，但是却忽略了亚瑟身为王子肩上所抗的重担给他带来的压力和痛苦。

只有圭尼维尔能够了解他的痛苦，温柔地开解他，默默地支持他，这样的一个心地善良的女人，即使是面容平凡身份低微的女仆，王子也一样会爱上她。毕竟王子也是人，还有着比常人更加沉重的压力，希望有一个温柔的女人来爱他也是无可厚非之事。

对于我们来说，我们的老公不是王子，我们也不是女仆。但是我们的老公也有着种种压力，也需要有人能理解他们，去倾听他们的委屈。作为妻子的我们虽然不是女仆，但这并不妨碍我们成为一个有着柔软内心的温柔女人。能够倾听老公的委屈，开解他们，这能够让你们的感情得到一个升华。老公会觉得妻子是个值得爱护的好女人，妻子会觉得老公能够跟自己倾诉心事说明老公对自己完全信任。这样，两个人都得到了满足，夫妻生活自然也会更加美满。

如果作为妻子的我们都不能静下心认真地倾听老公的委屈，那么这些难以跟别人倾诉的心事就会在老公心里扎根、生长，直至腐烂，最终成为老公心里永远的伤痕，虽然可能表面上老公并没有表现出什么，但是心里也一样会感到不舒服。

如果这时老公发现有其她人能理解他的痛苦和委屈，那老公的心自然而然就会偏向他人。就像戴安娜王妃，查尔斯亲王的心里永远有着卡米拉的身影，他认为卡米拉才是那个能理解他的女人而不是戴安娜。即使戴安娜受到全世界人民的喜爱，她也是个婚姻失败的女人。完美女人如戴安娜者都因为不能倾听老公的委屈而婚姻失败，更何况是我们呢。因此，学会倾听"老男孩"的委屈，对于妻子们来说是堂重要的必修课。

对方的"底线"你得摸清

> 在幸福的婚姻中,每个人应尊重对方的趣味与爱好。以为两个人可有同样的思想,同样的判断,同样的欲愿,最最荒唐的念头。
>
> ——摩路瓦

结婚对于每个人来说都是件大事,对于女人来说尤其如此。结婚前我们可以尽情享受爱情的甜蜜、父母的宠爱,结了婚,我们就要迅速融入到全新的社会角色中来,作为别人的妻子、儿媳妇、母亲,女人肩上的任务一下子变得沉重了很多。

尤其是作为妻子,结婚前你是一个人生活,结了婚你的生活就要和另一个人分享,并且接受他成为今后你人生中最重要的人。这并不是件容易的事,每个人都有不同的生活习惯和思考方式,两个人生活必然会产生摩擦,尤其是现在,大家都是独生子女,从小是被父母娇惯长大的,全都坚持自己的一套生活习惯。

在这种情况下,结婚后夫妻俩想尽快和睦相处显得尤为困难。因此,我们应该建立起彼此相适应的模式和底线。以此来减短两人的磨合期。

其实,夫妻间的磨合并不是我们想象中那样艰难。只要做好沟通，了解彼此的底线，建立起一个彼此相处的模式，那么，就像为婚姻铸造了一个模型一样，婚姻的成品很快就可以根据这个模型打造出来了。

这样做的好处显而易见。建立这样模型了解了彼此的底线，那么在日常的相处中，两个人就都会有分寸，彼此相处也就像有了模板一样。彼此都有了努力的方向，不会像无头苍蝇一样乱撞，直到撞得头破血流才能理解彼此的意思。为两个人省下了许多时间和力气，这样，在蜜月期就能彼此适应，婚姻自然也会比别人的家庭来得更加幸福。

就像美嘉和小莫。美嘉是个日本女孩，小莫是在日本留学时认识的美嘉。经过几年恋爱后，两人决定结婚。跨国婚姻注定要接受比别人更多的考验，但是两人都信心满满打算迎接挑战。

然而现实远比想象中残酷许多。即使是近如日本和中国的两个国家，习俗和想法方面都相差太多了。美嘉对于国内的生活也不能很好的适应，加上语言不通，小莫的父母对于这个日本媳妇也不是非常满意。因此美嘉承受着巨大的精神痛苦。最重要的是美嘉和小莫的一些生活习惯也不尽相同。周围的人都对这段婚姻不是很看好，连美嘉的父母都觉得女儿迟早会离婚回国。

没想到的是，一年过去了，美嘉和小莫过得十分甜蜜；两年过去了，两人还是很甜蜜；三年过去了，两人感情依旧。四年五年过去了，到现在结婚七年了，两人非但没遇到所谓的"七年之痒",反而感情越来越甜蜜,羡煞旁人。美嘉对于中国的生活也越来越适应了,汉语也说得非常好了。眼看着两人由不能彼此适应到恩爱非常,周围的人都非常羡慕,纷纷向美嘉询问秘诀。美嘉却说,我没有什么秘诀啊,只不过是了解他、尊重他罢了。就这么简单?大家都不相信。就这么简单,美嘉强调。

其实,就是这么简单。在结婚时显示了解彼此的想法和底线,然后在生活中建立起一个两人都能接受的相处模式,接着只要照着做就好了,既简单又快捷。但是,真正做起来又不是那么简单。

所以,我们要充分了解对方,只有了解了他,才能知道他的底线,知道怎样做才能适应他的思维。这其实非常简单,在结婚前我们就可以跟老公好好地谈一次,开诚布公地告诉对方自己的底线在哪。就像小徐和老公结婚前,小徐就明确地告诉老公自己最不能忍受的事,并且询问老公最难以忍受的事情。然后两个人就"签订"了"和平共处条约",约定不能侵犯对方的禁区。果然,有了这个事先声明,小徐在婚后从没跟老公因为这方面的事情吵过架。

另外,我们要尊重对方。了解了对方的底线就要尊重他,否则的话即使知道他的底线也是没有意义的。这点看似简单,但很容易被我们忽略。一些小的细节,我们不放在心上,但老公却十分重视,两下碰撞,矛盾立现。因此我们一定要尊重对方,这是一切的基础。

还有，就是要根据彼此的底线建立起一个彼此相适应的模式。这点是最重要的。模式建立得好，我们的生活就平顺；模式建立得不好，磨合就困难得多。其实，这个模式并不像我们想象中那样难。只要仔细了解彼此的想法，两个人互相理解，在这个基础上建立一个两个人都能适应的模式，就能容易化解两个人之间的许多矛盾。

根据对彼此的了解建立起彼此相适应的模式和底线，这是夫妻相处的防火墙和捷径。通过它，我们就可以完美地开始我们的新一段人生旅程了。

责备与赞美的黄金比例是 1∶5

> 爱情是一种脑力劳动,婚姻是一种体力劳动。爱情仿佛打桥牌,全靠算计;婚姻仿佛打麻将,全靠运气。
>
> ——佚名

想征服一个人,单纯的鼓励和单纯的责骂都不能达到最好的效果,只有"胡萝卜加大棒"的政策才是最正确的。对待老公也是这样,"打一下给一个甜枣"这样的手法虽然老套,但用在男人们身上无疑是最有用的。这样的道理大家都明白,但如何掌握这个"度",确是让很多妻子头疼的问题。

甲女向来是朋友圈子里的"军师",朋友们有什么问题都喜欢找她帮忙解决,每次她都能很好地完成朋友的嘱托。一次,朋友们又在一起聚会,说起各自的家庭,大家都是眉头紧锁。每个人都知道对待老公要"赏罚分明"有鼓励有赞美,但是大家都摸不清楚到底怎样做才是正确的,很多人因为自己回家乱实验,结果非但没能达到预期的效果,反而把老公得罪了,又费了好大的劲儿才把老公哄回来。

正当大家一筹莫展的时候,突然大家想到了甲女,于是问她:

"你有遇到这样的情况吗?"甲女回答:"当然有,这是每对夫妻都会遇到的,但是我现在已经掌握了责备与赞美的黄金比例。"众人大惊,纷纷问道:"快说吧,到底是什么黄金比例啊?"甲女也不藏私,很大方的告诉朋友们:"就是保持责备与赞美的比例在 1:5,这就是那个'度'。"

把责备和赞美的比例控制在 1:5 确实是一个黄金比例。责备多过赞美,老公会觉得你在唠叨他,会觉得你很烦,简直像个老妈子。但如果赞美太多责备太少,那又会失去责备的意义,在过多的赞美面前,那一点小小的责备根本不会被老公放在眼里。只有这样一个比例可以在确保老公不会生气的情况下把你的责备听进去,否则不是老公很生气,就是老公根本听不进去。

其实作为老婆来说,我们一般除了自己的孩子外,还会有另一个"孩子"需要我们照顾,那就是我们的老公。男人就像是小孩子一样,照顾他们需要很强的耐力和智力,不是简简单单就能办成的。因此,照顾老公需要很多技巧和智慧。而我们最常用到的技巧恐怕就是这个"胡萝卜加大棒"的政策了。先是责备他的过错,然后在他已经知道自己的问题时,为了防止恼羞成怒,于是再适当地给他一些赞美用以平衡他的心态。

把责备与赞美的黄金比例定在 1:5,其中的原因很多。主要就是为了照顾男人那"幼稚"的自尊心。男人的心态跟小孩子在某种程度上没有什么差别,他们都有一些幼稚的执念,自尊就是其中之一。其实与其称之为自尊，不如说是男人都有的大男人心态。这样的心态决定了他们在受到来自于自己老婆的责备时，就算是明知道这些建议对他们有好处，他们也会觉得有些受不了。

所以，在这种情况下，女人们就应该适时地停止责备，转而给他们一些赞美，这也算是变相的给他们一个台阶下，让他们不至于太尴尬。但是这些赞美一定要多于责备。每个人都爱听好话，男人尤其如此，给了他们比责备多出几倍的赞美能够很好地抚平他们"受创"的心灵。只要面子没有损害，男人也不是傻瓜，为了他好的事情他也能明白，这样，不用你直说他也会乖乖地改正缺点。

而让赞美是责备的五倍，则是考虑到赞美过多就会让男人飘飘然，根本忘记了有受责备这回事，就算记得，也很可能就当成顺口说说没有放在心上。如果赞美过少，男人就会觉得你没有诚意，认为你是在敷衍他，把它当成小孩子，这恰恰是男人最不能忍受的。而五倍这个量则刚刚好，既不过多，也不太少，能发挥出最好的效果。

对待男人一定要"恩威并施"，而且一定要讲求技巧，因为他们虽然号称不屑于参与女人的事，但当事情关系到他们的切身利益时，他们的脑子就会转得比谁都快。为此，我们也必须充分利用我们的智慧，来让他们一步步的改掉那些坏习惯。

语言上的胜利者其实是失败者

　　高难度的爱情，是月色、诗歌、三十六万五千朵玫瑰，加上永恒；高难度的婚姻，是账簿、证书、三十六万五千次争吵，加上忍耐；高难度的人生，是以上两者皆无。

——朱德庸

　　夫妻吵架对于一个家庭实在是太常见了，没有不吵架的夫妻，但是，为什么有的夫妻感情越吵越好，有的夫妻却吵着吵着就把感情吵淡了甚至吵到婚姻破碎呢。这主要取决于妻子在争执中的态度。如果老婆总是争强好胜，争一时的口舌之快，那么这个家庭就不可能平静安稳。

　　都说老公是"一家之主"，但其实，老婆才是一个家庭能否和谐美满最关键的因素。家有贤妻，家庭就能和睦。一个女人一定要记住，每一个家庭能否幸福快乐，都取决于你能否掌握这个家庭的"幸福密码"，而这个密码就是女人的温柔和谦让。

　　每一次争吵，不论起因是什么，不论过错在谁，我们都不能争做语言上的胜利者。嘴上的胜利不是真的胜利，今天你赢了嘴上功夫，明天你就会失去你的家庭。要知道，女人如果争强好胜，那你的仪态修养就会全无，即使再美丽，也会让人心生厌恶。为了争一时的语言上的胜利，我们就会用尽一切脑汁来想方设法在语言能上打击老公。

要知道，这样即使你赢了又有什么意义呢。你赢了，但不能为你带来任何好处，只有那一刹那的满足，可这满足并不能为你带来什么，满足过后，你就要用数倍的功夫来安抚老公，来唤回老公的心。我们为什么要做这种傻事呢。与其这样，还不如忍一时的不快，成全老公的面子的同时还能维护家庭的和睦。

男人的自尊心让他们很难在和老婆吵架时立刻低下身子道歉，我们也没有必要"有理不饶人，无理还搅三分"。遇事平和一些，让着老公一些于我们并没有什么损害，但在老公看来这就是我们的温柔最好的体现。争吵当时我们让着老公，过后他自然会自我反省，反过来更多的补偿你。

无论什么，别人追着送给你和你拼命求来的，价值完全不同，夫妻间也是这样。你们吵架了，你希望得到胜利，你希望得到老公的尊重，于是拼命争吵，在语言上赢得了胜利，但这并不能为你带来老公真正的尊重。反而是你先摆低姿态，等老公冲动下去后，他就会对你心生愧疚，反过来安慰你，并且对你愈加尊重，因为他觉得是自己对不起你。这样得来的尊重自然比逞强好胜硬挣来的胜利"含金量"来得更高。

不要以为家庭生活非常简单，这其中包含着大智慧。我们平日的所有事情都值得我们好好揣摩，否则漫不经心的对待生活，生活也比不会认真对待你。男女之间的差距非常大，两个人一起生活必然会产生很多摩擦，千万不要小看这些摩擦，一个处理不好，对于你的婚姻就是一个"致命伤"。

不要以为吵架时吵输了就是在婚姻里没有地位了，婚姻不是比赛，不能用这种竞争的想法来处理我们婚姻中遇到的摩擦。会有争吵，是说明两个人都对于怎样过得更好有自己的看法，这是一件好事，什么时候你和老公真的"相敬如冰"，那就真的完了。所以说，在争吵时，不要做语言上的胜利者，要做真正的胜利者，让老公从心里认同你，这样，你才能真正掌握在家里的"至高统治权"，你的家庭也才会稳固。

小李的老公是外地人，他来本地求学继而工作，然后就认识了小李在本地买房成家了。结婚后，小李的娘家给了她老公许多帮助，为此，小李的老公一直对岳父岳母心怀感激。但是由于岳家给的帮助太多，小李老公的朋友经常在语言上刺激他，他也觉得自己身为一个男人，总是靠岳家说出去实在不好听。

因此小李的老公在家里经常会借故发脾气，来缓解自身的压抑。小李对此心知肚明，因此每次老公发脾气，小李总是对老公百般忍让，从来不跟他争吵。老公也知道自己有些无理取闹，因此每次发完脾气都会对小李更加的好，效力就会趁机跟他讲道理。

渐渐地，小李的老公也明白了，自己的生活是自己在过，何必在意别人的眼光呢。岳父岳母对自己好是因为自己父母不在身边，有这样的岳父母应该感到高兴，又为什么要跟小李生气呢。想通了的小李老公从此再也没有因为这种事情跟小李红脸，两人的小日子也越过越好。没几年，小李就劝老公在本地又买了一套房子，把公婆接了过来，一家人生活得越来越开心。

如果小李当时老公发脾气自己也跟着发脾气，恐怕早就离婚了，怎么可能像现在这样幸福。吵架时争口头的胜利，就是典型的"丢了西瓜捡了芝麻"。生活需要智慧，家庭也需要有智慧的女人，不做语言上的胜利者，就是女人最大的智慧。

善于低头的女人最让男人魂牵梦萦

  爱是绝对没有模式和规律的，爱也是不可能说清楚的。说得清楚的即不是爱，而只是一种利益的结合。我从来不相信门当户对的婚姻会幸福，更不相信年龄匹配，学识相似，男才女貌的姻缘会幸福。爱应该象一泓清馨的甘水。

——卢森

  女人有几种，有的性格比较独立和强势，对任何事都有自己的想法，一旦做了决定就坚决不会改变，就连自己的错误，都不会轻易妥协。和这样的女人相处，男人往往很容易有心理压力，并且在发生冲突的过程中，男人要想避免争吵，就必需要主动认错。

  有的女人性情温和，对于任何事都不温不火，不会轻易发怒，同样也不会激动和兴奋。和这样的女人相处，男人往往会觉得生活平淡如水，没有任何激情。还有一种女人，非常了解男人的心思，她们的一个杀手锏就是撒娇。通过撒娇为自己解决难题，很多时候，善于低头的女人最让男人魂牵梦绕。

  我的一个同事小李年纪比较小，她的老公比她大六岁，因此夫妻两人在相处的过程中男人总是宠着她，不管两个人因为什么吵架，男人都会最先低头，这让小李非常自豪，她认为自己在家里的地位非常高，常常为所欲为，动不动就闹脾气，等着老公来哄。甚至有时候还做出很多过分的事情，让男人的面子挂不住，但是她依然不觉得自己有错。

小李和老公吵架的一个惯用伎俩就是离家出走，到朋友家哭诉自己的丈夫多么的不体贴等等。每次男人都会马不停蹄地赶过来接小李回家，然后主动低头认错。这样的剧情发生了好几十次之后，小李的故技重施没有得到任何效果。当她最后一次离家出走的时候，老公不再赶来接她回家了，朋友把小李送回家，发现小李的老公感情淡淡的没有任何反应，似乎对小李的出走并不在意。没过多久，两个人就离婚了。

在婚姻生活当中，有的女人一定要争论出谁对谁错，如果对方错了，那么一定要让对方道歉认错才罢休。这样的女人往往比较强势，她们自认为自己不管是学历、工作还是家庭条件都高对方一筹，因此在夫妻相处的时候常常得理不让人。有时候自己错了也不肯认输，反而绞尽脑汁地把问题转嫁。

有的女人因为习惯了男人的照顾和宠爱，并不在乎男人的需求，经常为所欲为的发脾气和吵架，在开始的时候男人会无条件投降，但是如果这样的次数越来越多，那么男人就失去了耐性，因为他们已经受够了自己在家庭中总是妥协的一方。这样的爱情和婚姻是根本站不住脚的。这也是为什么小李的婚姻最后会走向失败的原因。

所以说，在夫妻相处的过程中，女人一定要学会低头，学会妥协，甚至是让步。从某种意义上来说，这也是对男人自尊心的一种维护。有的女人似乎有"自虐"倾向，为一件小事就不依不饶，一定要让男人跪在脚边道几千次的歉才罢休。男人会认为自己爱的是一个根本不爱自己的女人。这样的女人有一个共同点就是并没有从心底里尊重丈夫，也不懂得该如何维系自己的婚姻。学会低头其实就是维护婚姻的第一步。

有的女人非常善于发挥自己女性的优势，当两个人发生争吵和矛盾的时候，她们为了避免矛盾激化，因此会主动道歉，在这个时候她们在乎的并不是道理，因为婚姻生活并没有道理可讲。她们真正在乎的是丈夫的情绪和夫妻之间的感情。

撒娇就是一个非常高明的认错方式，不仅能够体现女人的小女人一面，还能很有效地化解当时的紧张气氛，让男人心中的怒气和不满很快消散。比如说：好了嘛，人家知道自己错了，你就大人不记小人过，原谅我吧。我还不是因为太在乎你，要不然我怎么不去跟其他的男人吵架啊。我保证以后绝对不会再这样了。一会我给你炒几个你最爱吃的菜，怎么样？当做是将功补过。

我指的低头并不是在自己真的犯错的时候低头，有时候即使是对方的错误，女人也要学会把责任承担下来，这样不仅会得到男人的感激，还会让他更加珍惜这个通情达理的妻子。比如说，当发现丈夫跟某个女人暧昧的时候，有的女人会马上火冒三丈，和丈夫没完没了的吵架。在吵过之后，两个人的感情必定会受到损伤，即使男人已经承认了错误，但是却在两个人的心里留下了阴影。

因此，在这个时候，女人一定要学会弥补自己创造的裂痕。比如说，主动把责任承担起来，对丈夫说："我知道，我以前对你管的太严了，让你没有一点空间和自由，这都是我的错，以后我一定会改变我的方式，让你不会有太多的压力，如果我能够再温柔一点，更体贴一点，相信咱们就不会发生类似的争吵了。试问，当女人这样一自我检讨之后，男人又怎么不会悬崖勒马呢？

所以说，一个善于低头的女人其实是真正掌握了夫妻相处之道的女人。男人有时候就是吃软不吃硬，越是硬着来，夫妻之间的裂痕越是难以弥补，如果能利用女性的优势，让女人的魅力和温柔来感化男人，那样才能让男人魂牵梦绕。

>>> chapter

05

第五章

教育孩子不要跟老公唱反调

孩子是父母最珍贵的珍宝,对于每个家庭来说教育孩子都是十分重要的。但是每个人的想法可能都不尽相同,教育孩子时你和老公也可能会有不同意见。这是我们一定要和老公统一意见,不要跟他唱反调。要知道,父母教育孩子的理论不同不论对父母还是对孩子都没有好处。

母爱和父爱对孩子的影响点不同

> 子女之教育，一般人常有谬误：对女儿之教育专注意其身体，忽略其精神；而对儿子则忙于修饰其精神，而忽略其身体。
>
> ——莎士比亚

父爱就如天上的星，崇高而明亮，所以，小孩子总喜欢仰望父亲；而母爱，则像近在手旁的蜡烛，温馨而体贴，所以，小孩子总喜欢依偎在母亲的怀里。对于小孩子来说，父爱和母爱是最不可缺少的两种"营养"，它们比高级奶粉和宽裕的条件都有价值得多。

可是，这两种世界上最纯真的感情，常常紧密相连，却又似乎对立而生，就像是男人和女人的关系。

我们可以从父母与孩子的日常交往来看两者的不同。在交往的内容上，母亲常花较多的时间照顾孩子的生活或辅导孩子学习；父亲则花较多的时间与孩子玩耍；在交往的方式上，母亲与孩子进行一些温和的活动；父亲则更多地做一些较剧烈的、冒险性的活动等。

真真一家去郊外野餐。妈妈在忙着布置，而在爸爸的鼓励下，真真在捕捉小动物，想回家做成标本。这时，突然一只野兔从树林里蹿出来跑开了，爸爸指着野兔对真真大叫道："快看，真真，有野兔，我们要是能捉住就能吃烤兔肉了。"于是两个人围着野兔开始行动起来。不过，最终野兔还是跑掉了。中午吃饭时，真真很惋惜地对妈妈讲述了这件事，妈妈温和地说道："兔妈妈和兔爸爸在等着他呢，或许他只是贪恋这么好的天气吧，为什么要捉到他呢，让他们一家好好享受这晴朗的天气多好啊……"

是爸爸让真真学会了要坚强去争取，而妈妈教会了真真宽容和爱护。生活中的每一件小事中，父母都在以自己的方式影响教育孩子。

父亲的出现是一种独特的存在，对培养孩子有一种特别的力量。很多人都有这样的体验，在自己的幼年时期，父亲扮演的似乎总是无所不能的"超人"的角色。父爱对孩子的一生有着重要的影响。

父亲在帮助孩子形成积极的个性品质方面起着关键的作用。在现代社会，男性身上富有独立、自主、坚强、果断、与人合作、有进取心等特质，父亲正是促进孩子形成积极个性的关键因素；父亲是家庭和外部社会的"外交官"，对孩子的社交需求、社交技能等的提高有极其重要的作用，父亲与孩子的交流中让孩子掌握更多的交流的经验；父亲能使孩子的性别角色正常发展，让男孩子更坚强，让女孩子更温柔。在父亲与孩子的交往中，父亲与孩子的距离使孩子慢慢意识到自己的性别身份；父亲使孩子能够得到于母亲处得到的不一样的认知，例如更广博的知识、对自然的认识，使得孩子的想象力更加丰富，好奇心和求知欲也同步发展。

母爱的影响相对于父爱更加具体和细小。在母亲的心目中，孩子似乎总是婴儿时期的形象，她们总是用自己最温柔的双手去呵护孩子。母亲的特征都是她作为女性特质的延伸。

有人曾经说过，看一个女孩子如何要看她的母亲，母亲对孩子尤其是女孩子的影响是没法想象的。遇事沉着镇定的母亲培养的孩子坚忍不拔，人生不如意常八九，遇到困难就退缩畏惧的孩子在社会中很难立足；母亲的耐心和宽容是女孩子成为一位开朗豁达的女性的必要条件；而如果想要孩子能够体会他人的感受，为他人着想，母亲要温柔体贴。

父爱和母爱是孩子成长之舟的船桨，在孩子扬帆远航时伴随左右。然而现代社会，父亲这只船桨似乎有些懈怠，很多父亲将更多的精力放在工作上，对孩子的教育投入的时间和精力太少，使得孩子普遍缺少父亲的教育，身上缺乏男性特有的坚毅果敢等特质，一些男孩子尤其明显，在温柔的环境中生活，软化了本身该具有的个性和棱角。

中国有句古话：养不教，父之过。一个优秀的父亲所担负的责任，不单纯是负起家庭生活的重担，起到家中精神支柱的作用，更为重要的是，他具有协调家庭、培养孩子、教育孩子，使孩子能够在家庭中体会到父爱。

想要让父爱发挥教育作用，培养父子感情，重要的是要让父亲将本身所具有的男性特点融入到亲子交往中。比如让父亲和孩子一起玩运动性、技术性、智能性较强的游戏，这样父亲所固有的男性特征会不知不觉地影响孩子，这样就有利于促进孩子身体、智能、性格的发展。具体来说，父子可以一起在家做些小游戏，或到户外跑跑，到公园逛逛都是可以的。关键是要有足够的共处时间，有产生互动和交流的事情，能引起他们两个人的沟通，让父爱这只船桨能充分启动，为孩子的前进滑动水波。

与父爱的疏离不同，母爱总是嫌爱得不够深，她们的爱对孩子来说都太过甜腻了。在接受了过多的母爱后，孩子反而不懂得怎么去爱人了。所以，母亲要把握自己爱孩子的度，特别是孩子犯了错的时候，要公正地处理，不要过分袒护孩子。母亲袒护纵容孩子的家庭教育方法不但对孩子的教育无利，同时影响夫妻感情，让夫妻因为孩子的教育问题而不和睦。

母亲作为家庭教育的主要参与者，在对孩子的教育中还要起粘合剂和润滑剂的作用，随时准备把父亲和孩子两个连在一起，并且还要做好化解他们之间的矛盾，平衡家庭中的各种关系。例如当孩子的父亲忙于工作，实在无暇接送孩子上学、辅导功课时，作为母亲，不仅要向孩子传递来自"他"的爱意，同时，也要向他传递来自孩子和这个家的召唤。足见，女人简直就是一个家庭的"中心枢纽"，怪不得人人都说"一个家庭的前景与幸福，全仗一个女人的运筹帷幄"，女人的作用要比"军师"重要多了。

缺了父爱,孩子的发展会慢几拍

> 把完善的教育遗留给子女,乃是最好的遗产。
>
> ——蒙田

说起家长对孩子的影响,人们首先会想到母亲,但其实,父亲的关怀和教育对于孩子来说也是非常重要的,有时甚至高过母亲。

对于孩子们来说,要问他们最崇拜的人,他们百分之百地会回答是自己的爸爸。确实,爸爸对于一个孩子来说,是一个伟大的词汇,而爸爸对孩子的影响是深远且重要的。一个父性教育缺失的孩子发展会比其他孩子慢几拍。

在现实生活中,男性的理性思维往往会强于女性。在家庭教育中,男性往往会注重孩子智力方面的开发,带领孩子探寻一些理科方面的知识,这对于孩子智力的发展和培养非常有好处,也能为孩子以后的学习生活打下基础。相反,父性教育缺失,由母亲带大的孩子往往会在这方面有所缺陷。

另一方面来说,男性是一家之主,在孩子的心里,父亲的地位是高不可攀的。同时,父亲的言传身教能教会孩子很多东西,比如男性的刚强和坚韧。这些女性身上也能体现，但并不如男性明显。所以，缺少了父性教育的孩子在这方面发展的也会比别的孩子慢。

小郭的老公是军人，常年不在家，小郭自己带着孩子生活。虽然小郭和老公的工资都不低，家里的条件也很不错，但他们的孩子还是让小郭非常担心。他们的宝宝快上学前班了，但发育得明显没有别的孩子好，也不敢说话，对于幼儿园老师教的东西理解得也比较慢，注意力也很难集中。小郭在孩子很小时就开始进行了现在流行的"早教"，本想让孩子不输在起跑线上，但没想到孩子反而成长得不尽如人意。

无奈之下，小郭带孩子去看了医生，庆幸的是医生说孩子智力没有问题，只不过是发育得慢了些。小郭问医生为什么孩子会发育得慢。医生说可能是家庭的原因，让父母多给孩子一点关怀。

原来，小郭本身也很忙，孩子很小就送到了幼儿园，平时也是保姆在照顾。幼儿园和保姆能保证孩子的人身安全，但不可能像家长一样给予孩子关怀和爱。那种来自父母的教育是任何人都取代不了的。尤其是小郭的老公，有时甚至一年都看不见一回，这对于小郭来说是已经习惯了的，但对于孩子来说却难以适应。

就像小郭的孩子一样，生活中因为缺少父性教育而发展慢的孩子不在少数，然而很多家长却忽略了这一点。导致孩子发展不好，大家互相责怪互相推卸责任甚至打骂孩子，却没发现责任是在自己身上。对于孩子来说，父亲是非常重要的存在，他们能从父亲身上学到很多有形的或是无形的东西，这些东西直接影响着孩子以后的成长发展。

有些女性认为，带孩子就是女人的责任，大男人每天带着个孩子像什么话。于是在老公想带孩子时横加阻拦。这种想法是非常荒谬的。孩子是父母的爱的结晶，不是母亲的私有物品，让孩子的爸爸也来带带孩子是理所当然的。长期没有接触父亲的孩子不但亲子关系不会太好，就连成长发展也会大受影响。所以，不要一厢情愿地剥夺老公和孩子相处的时光，你所认为的为他们好，并不一定是真正意义上的为他们好。

让老公多和孩子接触，让孩子都接受来自于父亲的教导，这有利于孩子的身心发展。要知道，男人有时候甚至比女人更细心，而且比女人更有安全感。从小在父亲面前长大的孩子更加坚强，心胸也更加开阔，这对于孩子形成正确的人生观和价值观有着非常重要的意义。父亲的教育是任何人所无法取代的。

都说父爱如山，父性教育也像一座大山一样矗立在孩子的心里。"高山仰止，景行行止"，父亲的教育是孩子们人生基本信条形成的基础。父性教育缺失的孩子，在品格的形成过程中缺少导向，很容易走上歧途。

另一方面，父性教育缺失的孩子没有父亲的关怀，胆量和魄力都会不如其他的孩子。在孩子的发展过程层中，这方面的教育往往会被家长所忽略，但这才是教育孩子最重要的环节。

一个孩子可以不识字，可以身体有缺陷，但是他的人格必须健全而高尚。而能让孩子形成这样人格的教育，往往来自于他的父亲而非母亲。缺少父亲的教导的孩子，在各方面的发展上都会慢几拍。

所以，为了孩子的发展，敦促你的老公多和孩子交流吧，不要因为一时的疏忽给孩子造成终身的遗憾。

好爸爸不好当,你得多鼓励他

> 爱迪生幼年的故事,给了我两个深刻的印象:一是科学要从小孩学起,二是科学的幼苗要像爱迪生的母亲一样爱护才能保全。
>
> ——蒙田

对于年轻的夫妻来说,当父母是他们婚姻生活中要一起经历的第一件大事。不论是老公还是老婆,做好一个爸爸或妈妈对他们来说都是"新手上路",因此,如何做好父母成了很多年轻夫妻的难题。

但是,同样是初为人父人母,女人的情况要好于男人。因为女人天生有一种母性,照顾宝宝和当一个好妈妈对于女人来说是理所当然,是一种与生俱来的本能,而且女人十月怀胎生下宝宝,对于宝宝她们有一种独特的了解。

而男人则不同,他们对于自己能否当好一个父亲总是很怀疑,他们也难以把握如何当好一个爸爸。所以,身为妻子的我们在这时一定要鼓励他们做一个好爸爸,让他知道,虽然做一个好爸爸并不容易,但他能做得非常好,你对他有信心。

孩子是父母爱的结晶,拥有一对好父母是孩子的幸运,而做好孩子的父母则是夫妻的责任。但是老公可能缺乏做好一个爸爸的信心，在这时，我们就要负责给老公打气，让他们能够对自己有信心。不要以为这不重要，要知道，没有信心的爸爸很容易在教育孩子的过程中出现偏差，这样不仅害了孩子，连我们整个家庭都要受到损害。所以，有一个负责人的爸爸是全家人的幸运，而这个幸运在很大程度上取决于妈妈能否尽到责任。

小王和小李结婚好几年了，两个人好不容易有了孩子，这个在父母和长辈的期待中出生的女孩叫宁宁，家长们都希望她能宁静安宁。然而，是独生子又是第一次当爸爸的小王在孩子出生后却没了自信。因为他是独生子，没有照顾过弟妹，又是第一次当爸爸，所以对待小孩子几乎没有一点经验。面对孩子既紧张又手足无措的小王根本没信心当个好爸爸，每天为此愁眉苦脸，也不愿意靠近孩子，生怕自己没经验一不小心伤了孩子。

小李把这一切看在眼里，本来还以为是自己生了个女孩，老公"重男轻女"才不愿意靠近孩子。后来小李又想了想发现不是这样，因为老公一直唠叨想要个女孩，自己刚生完孩子那会儿也挺高兴的，怎么会坐完月子就不喜欢了呢。于是小李观察了老公很久，终于发现了问题的症结所在。觉得无奈又好笑的小李决定鼓励老公，让他尽早适应做一个父亲。

于是小李开始要老公每天为孩子换纸尿布，给孩子喂奶粉，还要老公每天必须抱孩子半个小时以上。小王一开始不愿意，但经不住小李的软磨硬泡最后还是答应了。在每天和孩子的接触中,小王逐渐掌握了怎样当个好爸爸的方法,和孩子的感情也越来越深了,小李在一旁看着,也时不时地鼓励小王说:"老公,没看出来你还是个天才奶爸啊。"就在小李的鼓励下,小王逐渐克服了自己的心魔,开始全心全意的为了孩子而努力,成了一个真正的好爸爸。

在男人眼里,女人在带孩子方面有着绝对的"权威",因此,如果老公对于当个好爸爸没有自信,那么你的鼓励绝对是他的"速效救心丸"。只要你能一直鼓励老公支持老公,那么他一定会丢掉疑虑,成为一个真正的好爸爸。

男人往往对于自己能否适应照顾好一个小生命感到怀疑。但这并不意味着他不能很好地照顾孩子,这只不过因为他从未接触过这方面的东西没有自信而已。在这种情况下,他们缺少的不过是一些理论知识和你的鼓励而已。只要你能督促老公多了解相关的知识,并且鼓励他,那么他就一定能成功。其中你的鼓励对于他来说是最重要的,因为来自老婆的鼓励最能刺激男人前进。

不要以为照顾孩子只要母亲就行了,其实在孩子眼里父亲同样重要。但如果你的老公没有决心成为一个好爸爸,那么这对于孩子的打击是巨大的。所以,不管是为了孩子,还是为了你自己,还是为了老公,你一定要鼓励老公做个好爸爸。

在孩子面前，多多树立父亲的高大形象

　　家庭中正常关系的失调，是以后产生精神和情绪的各种病态的肥沃的土壤。

——陶行知

　　作为母亲，在孩子面前一定要多树立父亲的高大形象，让孩子觉得自己的爸爸是世界上最好最伟大的爸爸，不能在孩子面前揭父亲的短，让他在孩子面前下不来台。这样做，既能满足老公为人父的自豪心里，还能对孩子的成长产生良好的影响。

　　在孩子面前树立父亲的高大形象能满足老公作为父亲的骄傲心理。作为一个父亲，老公的心理是充满了骄傲与自豪的，所以，为了鼓励老公，我们要多多在孩子面前树立老公的高大父亲形象，让老公和孩子之间建立一种良好的亲子关系。

　　这样孩子就更有兴趣听父亲的教导，父亲也就能更加努力教育孩子。男人的自大或者说"自尊心"体现在他们生活中的各个方面，其中以面对女人和孩子时最为膨胀。作为妻子的你要理解老公面对孩子时的骄傲心理，在孩子面前要帮助老公树立一个高大的形象，让他在孩子面前更有威严。

在与孩子的互动过程中，如果能树立起父亲的高大形象，那么以后对于孩子的教育也可以方便许多。孩子们对于伟大的人总是充满了崇拜，尤其是身边的人如果能够让她们觉得非常伟大，那么他们就会无条件的信任这个人，听他的话。所以，在教育的孩子的过程中，在他心里树立起父亲的高大形象，让他认为自己的父亲是最伟大的人，这样，父亲教育起孩子就会方便很多，孩子也会更加听话。

同时，对于孩子来说，自己的父亲在自己的心里本来就是很高大的。在孩子心里，自己的爸爸是无所不能的，在这个时候，我们更要在孩子面前树立起父亲的高大形象，不能在孩子面前拆他的台。如果你在孩子面前拆老公的台，对老公毫不客气，那么老公必然会埋怨你。要知道，成为一个伟大的父亲是每个男人的梦想，没有一个男人能容忍自己在孩子心目中的地位下降。

小坤的母亲跟婆婆关系不和，但老公由于工作的原因长年住在婆婆家，小坤的母亲和姥姥带着小坤一起生活。小坤是个懂事的孩子，看着妈妈和姥姥带着自己如此的辛苦，就对妈妈和姥姥言听计从，觉得她们是自己最亲的人。由于和父亲常年见不到面，小坤对爸爸的感情非常淡。

小坤的妈妈不喜欢自己的婆婆，小坤的姥姥也对亲家多有微词，所以两个人时常在小坤面前说他奶奶的坏话，连带着，连小坤的爸爸也骂了进去。小坤的姥姥还时常污蔑他的爸爸，说他在外面有野女人。本来小坤非常崇拜自己的父亲,但自己如此敬爱的姥姥长时间对自己这么说,潜移默化之下,小坤对父亲和奶奶的印象就越来越差。

小坤的学习非常好,他的妈妈和姥姥也引以为傲,但是小坤心里始终放不下姥姥说的话,他认为爸爸是被奶奶抢走了,而且爸爸在外面有了别的女人对不起自己的妈妈。于是对于偶尔见一面的爸爸说的话从来不听。小坤的爸爸在外工作非常忙,很难见到小坤一面,偶尔见一次儿子的态度还这么差,他自然是非常生气的。但是他根本没时间去管教儿子,往往是匆匆见一面就急忙走了。小坤见状更觉得是爸爸不要自己了。

转眼快中考了,小坤给爸爸打了个电话,想让爸爸来陪自己去考试。但小坤的爸爸根本没时间,伤心的小坤大发脾气,把爸爸大骂一顿,斥责他对不起妈妈不要自己。小坤的爸爸为这根本是莫须有的事情惊呆了,赶回来狠狠地打了小坤一顿。因为这个,本来能考上重点高中的小坤只上了一所普通高中。家庭的矛盾愈发无法调和。

父母是孩子人生中的第一个老师,也是孩子第一个崇拜的人,尤其是父亲,在孩子的心目中有着神圣而不可侵犯的地位。就算是十恶不赦的人,在他的孩子心中,他也是个伟大的爸爸。所以,不要轻易在孩子心里造成他的父亲不好的印象,这对于孩子造成的影响是无法估量的。

身为人母,不能只关注自己在孩子心里的地位,还要注意树立老公在孩子心里的地位。要知道爸爸在孩子心里的地位越高,家庭就越安宁,否则家庭将永无宁日。不要将自己和老公的矛盾转嫁到孩子身上,孩子是无辜的,我们没有权利剥夺孩子崇拜父亲的权利。对自己的父亲都不崇拜都不信任的孩子,怎么可能健康地成长呢。

墙上只挂一个时钟更利于培优

> 多少熟悉一些生理学的基本原理和心理学的初步知识，对于带好孩子是不可缺少的。
>
> ——卢梭

俗话说"如果你有两只表，那么你永远也不会知道准确的时间。"确实，世界上没有哪两只表的时间是同步的，世界上也没有哪两个人的思想是统一的。在教育孩子时，只有父母的意见统一，劲朝一处使，才能培养出最优秀的孩子，如果父母各执一种观点都想让孩子按照自己的意愿发展，那孩子可能一事无成。

曾经有报纸报道过这样一个悲剧。有一个家庭，父母和双方老人都是高级知识分子，精通各国语言并且在各自的领域都很有建树。在这样的一个家庭出生的孩子，父母和老人自然都对他抱有极大地希望，从孩子刚学会说话时，家长们就对孩子的教育产生了分歧，都想让孩子从小汉语和外语一起学，成为双语甚至多语人才。

但由于他们会的语言太多了，所以就孩子学什么语言他们产生了严重的争执。在讨论未果的情况下，他们开始自顾自的教孩子。今天妈妈带就说英语，明天爸爸带说日语，后天姥姥带说德语,大后天奶奶带说就西班牙语。

结果,经过这些家长们所谓的"精英教育"教导的孩子,并没有像家长们想象中的那样成为小神童,反而在别的孩子已经能流利地说话时,他却还是难以完整地说出一句话,甚至连一些单字都说不清楚。抱到医院去检查后才发现,原来是家长们教子心切,但却好心办坏事。由于孩子很小,难以理解那么多种的语言,导致了孩子在语言方面有了障碍,现在,就算是正常说话都有难度,更别说成为家长们想象中的那种"小神童"了。

上面的那个例子足以给家长们一个警示。孩子们的世界非常单纯,他们的思维也很简单,如果从爸爸和妈妈那得到不同的指令,很可能会让孩子觉得头昏脑胀难以理解。所以,我们在教育孩子时,一定要保证爸爸妈妈的想法是相同的,灌输给孩子的理念是一致的,如果父母的话互相矛盾,那么很容易造成孩子的思维混乱,对孩子的成长发展有害无益。

与大人不同,孩子们往往只能够关注于一件事,所以,我们在教育孩子时,最好一次只给孩子制定一个目标。这样更容易成功。事情要一件一件的做,如果每次给孩子布置一大堆任务,那么很可能孩子一件也做不好,还不如一次只做一件事,做好了再做下一件。这也是墙上只挂一个时钟的意义之一。

其实大人每次只给孩子布置一个任务,不但对孩子的成长有好处,还能教会孩子办事有条理,不慌不忙才不至于出错的道理。从小养成这样的习惯的孩子做事更有条理、处事更加理智,自然以后更容易成功。

笑笑才上三年级，学习成绩一般，在班上只能排到中游。于是孩子的姥姥非常着急，一口气给笑笑报了语、数、外三门补习课，还有跆拳道、笛子、演讲和游泳几个兴趣班，想让孩子不但能赶上其他同学，还要多才多艺。笑笑放假时一天要上七个补习班，每天忙得脚不沾地。终于，孩子有一天哭着告诉妈妈自己不想学习了，自己要去打工。

父母哭笑不得的同时也为孩子心疼。终于，孩子的爸爸发了话，除了英语班和游泳班，其余的所有补习班和兴趣班一律不上了。解放了的笑笑果然不再愁眉苦脸，平时也开朗了很多，自己也知道用功学习。期末考试时，笑笑的成绩进步很多，直接越到了班级第五名。高兴坏了的笑笑姥姥终于承认，一次补习那么多对于孩子并没有好处，不如一点一点的来，孩子进步反而快。

在生活中，像笑笑姥姥那样想的家长并不少见。每个家长都希望自己的孩子出类拔萃，这一点无可厚非。但培养孩子要根据孩子自身的特点因材施教，不能你想让孩子学什么就学什么，要让孩子专心致志的做一件事，做好了就是成功了。就像笑笑，没有参加别的兴趣班的笑笑一心一意的学游泳，还参加了省里的儿童游泳比赛，取得了不错的成绩。

对于教育孩子来说，家长的统一意见非常重要，家长们一定要仔细商量，让孩子专心的先学那些他们感兴趣的，这样，专心做一件事、墙上只挂一个时钟的孩子反而更容易成才。

每两个星期让他带孩子郊游一次

随便哪个孩童,单吃甜食、点心和糖果决不会长成一个健康的人。精神食粮也和物质食粮一样,必须丰富而富有营养。

——夸美纽斯

接近大自然是孩子成长中不可或缺的一课,阳光、水、动物和那些植物,是每个孩子心目中最好的玩伴,因此,经常带孩子去郊游是每个家长必做的功课。然而,带孩子郊游这个功课最好由孩子的爸爸来进行,因为,对于孩子来说,爸爸是万能的,爸爸带孩子去郊游能随时解答孩子们脑中的那些稀奇古怪的问题。另一方面,在郊游的过程中,父亲和孩子的关系也能得到很大的提升。

现在的家庭,父亲往往会在外面打拼事业,相对来说,跟孩子的相处时间就会减少,缺少父亲的关爱对孩子的发育非常不利。常让老公带孩子出去郊游也能够增进他和孩子之间的感情。但是,郊游也不能太过频繁,太过频繁的郊游容易让孩子静不下心,每天想着出去疯玩。每两个星期让老公带孩子出去郊游一次,既能增进亲子感情,又不至于让孩子玩得太多忘记学习。

很多家长不愿意带孩子去郊游都是因为害怕孩子出意外。但是我们应该想到，父母不是保镖，不可能24小时不离孩子身边。害怕孩子受伤害是人之常情，但适当的伤害反而能让孩子加快成长。在郊游时孩子能学到比在课堂里更多的知识，即使摔倒受伤了，对于孩子来说也是一种历练。因为害怕孩子出意外而不带孩子去郊游，这无疑是一种愚蠢的行为。

父母不可能陪着孩子一辈子，所以，我们要从小培养孩子独立、勇敢的个性，带孩子去郊游，让他们亲近大自然，在森林和草地里奔跑是让孩子们成长的最好一课。而这一节课最好由孩子的爸爸带他们去上。

要知道，男人与女人不同，他们更加愿意严格地对待孩子，正所谓"严父慈母"。爸爸带孩子去郊游，一方面能增进亲子关系，另一方面他们不会因为孩子发生小小的意外，比如摔倒，就跑过去安慰孩子。这样更能达到郊游的目的。

小亮亮的爸爸就每两个星期带他去郊游一次。他们从来不去公园，而是去真正的野外。有时候是森林，有时候是果园还有时候是农田。小亮亮的爸爸鼓励他自己到处奔跑，在不危害生命的前提下小亮亮可以做任何事。爬树、到小溪里玩水、到玉米地摘玉米，在爸爸的陪伴下小亮亮总是能疯玩一整天。

别的家长很不理解小亮亮父亲的做法，因为他们觉得这样太危险，就算去玩也可以去公园或者是动物园。小亮亮的父母从不解释。但是小亮亮却是幼儿园里最聪明也是最健康的孩子。其他的孩子经常因为一些小事哭鼻子，小亮亮从来不轻易哭，就算是受了伤也不大喊大叫。其他的家长也明白了小亮亮父母的苦心。

每两个星期让老公带孩子去郊游一次，孩子能在大自然中健康地成长。就像小亮亮，他每次都非常期待出去玩，但是也总是很懂事的定期要求出去玩，并且会写完了作业完成了自己的功课才会跟爸爸一起出去。毕竟，郊游虽然对孩子的发展有好处，但还是不能忽略了学习。

经常和爸爸一起去郊游的孩子智力发育也会比别的孩子好。要知道，我们所学习的一切知识都是来自于大自然。在郊游时，孩子们能亲自感受到大自然的神奇与奥妙，这比背再多歌颂自然风光的诗词或是看再多植物鉴赏图片的效果都要来得好，孩子记得也要牢固许多。

去郊游不是说单纯的玩，要让老公在带孩子玩的同时教会他知识。要知道，孩子毕竟是孩子，不可能把见到的东西归类整合。这时，如果老公能够把孩子看到的和学到的联系在一起，那么孩子出去玩的目的才算达到了。

能和孩子一起去郊游，对于老公来说也是一种乐趣，在放松的同时能教会孩子知识，还能增进同孩子之间的感情。这样的事情我们为什么不去做呢。

母鸡型母亲带大的孩子没出息

> 母亲是儿童最好的教师,她给孩子的教育比所有的学校教育加起来还多。
>
> ——保罗

俗话说"龙生龙,凤生凤,老鼠的孩子会打洞。"这话对于人来说也一样适用。虽然孩子跟父母有遗传方面的传承,但孩子的成长更多的是来自于家庭教育和成长环境的影响。现在家家户户都是一个孩子,父母对孩子难免过分疼爱,这本没有错,但疼爱一变成溺爱,那么就对于孩子的发展没有任何好处了。

人们常说"严父慈母",母亲总是容易心软,看见孩子吃一点苦头就心疼了,不愿意让孩子遭受一点苦难。但其实,人生哪有一帆风顺的,现在不让孩子受一点苦,将来当你不在时,孩子的人生由谁来庇护呢?母鸡型母亲养大的孩子注定没有出息。

老鹰让小鹰学飞,于是把孩子带到悬崖上推下去逼它在生死关头学会飞翔。孩子也是这样,整天像小鸡一样躲在妈妈身后的孩子能有什么出息,又怎么可能在将来独立生活呢?

每个人都不可能一辈子没有风浪和波折,从小让孩子多经历一些事，对于孩子的成长是有利无害的。曾经有一条报道，说是有位家长从小见女儿学走路很苦，于是只要女儿一哭家长就把孩子抱起来不让孩子走路，结果越抱越久，导致孩子最后不会走路，形成了永远的残疾。这家的家长本意也是为孩子好，但他们不知道什么才是真正的为孩子好，结果好心也办了坏事，给孩子蒙上了一生的痛苦。

都说穷人的孩子早当家，其实这并不是说家里越穷对孩子越好，而是说穷人家里往往没有条件一味地娇惯孩子，环境逼迫孩子早早面对社会早早成长。这样，本来家庭条件不好不是件什么好事，但对于孩子的成长发展却又是件大大的好事。

有这样一对夫妻，他们非常富有，但是，当他们的孩子出生后，他们做出了一个惊人的决定，那就是假装自己家徒四壁。因为他们觉得，在有钱人家生活的孩子一定会备受娇惯，这对于孩子的成长没有任何好处，如果孩子能在贫寒的家境中长大，那他所经受的锻炼是父母能给他的最大的财富。

所以这对夫妻从孩子出生就搬到了破旧的房子里，每天的吃穿也很清贫。不负父母的期望，这个孩子非常的懂事也非常的上进。从小学习就名列前茅，每天在家里也能帮父母做力所能及的家务，稍微大一点了就利用放假出去打工自己赚零花钱，最后还考上了国内的一流学府。有一次，孩子有事突然回家，发现了身穿名牌西装的爸爸，家长这才把一切告诉了这个孩子。

得知真相的孩子没有欣喜若狂，而是像以前一样的学习生活，让他的父母大为满意。如果这个孩子从小生活在父母溺爱的富裕家庭中，那么他可能就不会考上好大学，可能就会变成一个只会吃喝玩乐的"富二代"。家长们都希望对自己的孩子好，但我们要知道，什么样的"好"才是孩子们所真正需要的。

有一个杀人犯，他临死前的愿望就是见一见他的母亲。法庭满足了他的愿望，见到了自己母亲的杀人犯对母亲说，我能不能最后一次吸一口你的奶，这是我生命中的最后一个愿望。他的母亲含着泪同意了。但没想到，犯人狠狠地咬住了母亲的乳头，直把母亲咬出了血。周围的人都惊呆了，只见犯人狠狠地对母亲说，我恨你！

原来，这个犯人从小被母亲溺爱，想要什么母亲就给他什么，从来不让她受一点挫折和委屈。长大后的犯人一事无成，而母亲经济能力有限，难以满足犯人的需求，所以导致他走上了犯罪的道路。从一开始的小偷小摸，到最后的杀人抢劫，是母亲的溺爱把孩子送上了死路。临死前的犯人对母亲充满了恨意，因为他知道，如果母亲从小能严厉教导他，那他不会像今天一样悲惨。

所以，各位母亲，我们一定要记住溺爱不是真爱，母鸡型母亲带大的孩子没出息。天将降大任于斯人也，必先苦其心志，劳其筋骨，饿其体肤，空乏其身，行拂乱其所为，所以动心忍性，增益其所不能。不经历风雨怎能见彩虹，一切的成功都是被苦难磨练而出的。如果真的是为了我们的孩子好，那么就让他经历一些风雨和历练吧。只有这样成长起来的孩子才能成长为雄鹰翱翔于天际。

教孩子从小学会运用财富

> 父母是天然的教师。他们对儿童,特别是幼儿的影响最大。
>
> ——克鲁普斯卡娅

随着社会的发展,人们的生活越来越好了,这从孩子们一年厚似一年的压岁钱上就能看出来。在家长们的传统观念里,压岁钱只要让孩子们看一眼就行了,然后就会要交给父母代为处理。但其实,这种想法在现在已经不适用了。

在现在这个经济社会里,钱的重要性不言而喻,从小培养孩子如何运用财富如何理财也是家长们应该做的,毕竟只有会花钱才会赚钱。从小让孩子学会如何运用财富,他们才能在长大后合理的打理自己的人生,不至于挣一千花一万,只能借助信用卡度日,成了彻头彻尾的"卡奴"。

据调查,大连市每年因沦为"卡奴"而走向犯罪道路的人都有三四百人。要知道,这并不是一个小数字。大连市一个市尚且如此,整个国家又会有多少这样的人呢。他们之所以会沦为"卡奴",最大的原因 就是不会理财。钱不怕花,就怕不会花,就怕没有计划的花。所以,教孩子们从小学会运用财富,是家长们当务之急应该做的。

现在家家就一个孩子,每年光压岁钱就能收到数千元甚至上万元,这并不是一笔小钱。这笔钱与其用来让家长们人情往来,倒不如用来培养孩子的理财观念。有很多人觉得,这么小的孩子,他们知道什么理财啊。

其实现在的孩子由于长期接触电视和网络,他们懂得其实并不少。因此,我们可以放心,教孩子理财他们绝对能够明白。而且,孩子们对于自己的东西总是充满占有欲,如果告诉他们能把压岁钱的一部分交由他们支配,这绝对能激起孩子们极大的兴趣。俗话说,兴趣是最好的老师,有了兴趣的孩子自然学什么都会学得很快。

自然,教孩子运用财富并不是说让孩子自己自由支配所有的钱,而是要让孩子学会合理地支配财富。现在类似于初中生情人节给女朋友送999朵玫瑰之类的事已经层出不穷了,这就是让孩子滥用金钱的结果。

有一位朋友,小的时候家里不富裕,家庭条件很一般,长大后经过自己的努力,终于在接近中年时取得了一点小成就,也成了新兴的中产阶级。他有一个女儿正上小学,朋友觉得自己小时候吃了挺多苦,不能让孩子和自己一样,所以平时给孩子不少零花钱,过年时别人给的零花钱也都让孩子自己支配,觉得孩子早早自己支配自己的钱也是一种锻炼。

但没想到，上小学的女儿根本没有辨别能力，跟同学一起玩起了网络游戏，几乎所有的零花钱都被用来购买游戏点卡和游戏里的装备。钱用完了就问爸爸要，一次就是上百元。一开始爸爸还毫不犹豫的给，后来越想越不对劲，女儿还在上小学，哪来这么多花钱的地方。于是开始调查，一查不要紧，居然发现女儿花在游戏上的钱竟然有数千元。

对于一个正在上小学的小姑娘，这是在不是一笔小数目。生气的朋友干脆停了女儿的零花钱，每天只给饭钱。没过多久，他的女儿就哭着求爸爸，说自己再也不敢了。心软的爸爸被女儿一求就动摇了，当即给了她200元，但没想到，上午才说不玩游戏的女儿下午就又买了100元的点卡。

爸爸几乎对女儿绝望了，狠狠地打了女儿一顿，并且开始严格控制她的零花钱，并且限制她玩电脑，好不容易才把女儿的游戏瘾戒掉。其实，这位爸爸的这种做法是非常错误的。要知道，从小教孩子学会运用财富是要家长在一旁悉心教导的，不是把钱给孩子让她乱花的。不教给孩子道理和方法就让孩子花钱，这无异于害孩子。作为家长，我们必须让孩子知道理财，而不是不管不顾的让孩子"散财"。

其实，教孩子运用财富并不像人们想的那样难。最简单的，我们可以带孩子去建一个银行账户，过一段时间，再让孩子去查，他就会发现自己的账户中多出来了一些利息钱。被吸引的孩子自然会对理财充满了兴趣。另外，我们可以带孩子去超市，给他一定的钱，让他买几样东西，但不告诉他每样买几个，让他自己算怎么最划算。用类似于这样的方法，很快孩子们就会对理财充满了兴趣，同时也学会了运用自己的财富。

教孩子从小学会运用财富是家长们能为孩子做的最有意义的事情之一，这比带孩子买漂亮衣服和吃好吃的都要有意义得多，因为，只有会运用财富的人，才不会被财富所迷惑，才能在未来的人生道路上不因为一点小小的诱惑而犯错吃亏。

凡事让孩子有三个选择

> 初期的教育应是一种娱乐,这样才更容易发现一个人天生的爱好。
>
> ——富兰克林

在教育孩子时,我们要注意凡事要让孩子有三个选择,这个世界不是非黑即白的,让孩子多一个选择就是要告诉孩子,凡事没有绝对的。任何事,在只有一个或两个选择的情况下就说明将要或已经陷入了困境,只要有第三个选择,那么就会给孩子带来新的启示,让孩子明白,这个世界是多元化的,不是简单的黑白色。

遇事告诉孩子三个选择,既不过多,也不过少,能让孩子在锻炼判断力的基础上又不至于因为选择过多而迷乱。让孩子凡事有三个选择,是为了锻炼孩子自己思考的能力,非是即否的简单答案只会让孩子懒于思考,大脑是越用越好用的,长期不思考只会让孩子的思维不协调,逻辑不清晰,对于孩子的发展没有任何好处。所以,让孩子在遇到事情时有三个选择,在"是"和"否"之外还有一个"其他"。这样就能让孩子自己多思考,而不是成为一个只会依附于他人的"应声虫"。

第三个选择意味着这个世界的广博,让孩子从小就知道,世界很大,思想很也大,就像那句广告"心有多大,舞台就有多大。"要让孩子不局限于现有的答案,充分发散思维,这样孩子才能培养出聪明的头脑和宽广的心胸。

曾有这样一则新闻,说是小学生考试,老师出题目问"雪化了之后是什么",正确答案是"水",但是有一个小姑娘答道"雪化了之后是春天",结果老师给了她零分。这就是我们现在很多人的误区和悲哀。孩子的思维本来是很宽广的,我们家长要做的就是合理地引导他们,而非自以为是的扼杀他们的独特想法。"雪化了之后是什么",这个问题应该有很多答案,只是因为孩子的答案和标准答案不一样就说孩子是错的,这样的教育体制下培养的孩子怎么可能成才,只会成为一些书呆子。

所以,我们凡事要让孩子有三个选择,不能把孩子禁锢在思维的"监狱"中,要让孩子能够有更广阔的心胸和头脑。

嘉嘉的爸妈从小就要她听话,不论做什么事情父母都为她安排好了,即使是学校就在马路对面,嘉嘉的爸爸也每天接送她上下学。不负父母的厚望,她非常的听父母的话,爸妈让干什么就干什么,从来不跟爸妈顶嘴。嘉嘉的爸妈做事也从不问她的意见,顶多就问问嘉嘉想不想吃什么好吃的,嘉嘉的回答也局限于想还是不想,从来不会提出自己的意见。

嘉嘉的学习成绩非常好,每天都埋头苦学,从来不像别的孩子那样想出去玩。当然,她的爸妈也不允许孩子去玩,他们常说,好好努力,考上了大学就轻松了。果然她上了一所名牌大学,学习成绩也非常好。但是,嘉嘉已经养成了习惯,就算是上了大学也不参加课外活动，每天只顾着学习。

临近毕业，嘉嘉也开始为了工作发愁，她的父母认为自己的女儿成绩这么好找个好工作应该不成问题。但没想到用人单位本来看见她成绩这么好都找她去面试，但面了试却没有一家肯用她。原来嘉嘉每天只顾着学习，很少和别人交往，学习也是死读书，从小听父母的话做事的嘉嘉从来不知道什么是创新，也不知道什么是团队合作。这样的员工哪会有用人单位肯要？结果，成绩最好的嘉嘉成了同学中工作最差、挣钱最少的。

嘉嘉的案例值得每一个父母思考。我们总是觉得孩子不听话，老是跟我们对着干，于是就要求孩子听话，否则就打骂孩子。在遇到事情时也不给孩子选择的余地，让孩子只能跟着父母的指令走。我们觉得这是为了孩子好，但是这样培养出来的孩子就是真的好吗？这样培养出来的不是孩子，只是一个父母操控的傀儡娃娃而已，有朝一日，当父母不在了，孩子又该怎么办呢。

所以，真正为了孩子好的父母，应该让孩子凡事有三个选择，不要让孩子局限在小小的空间里，要让孩子知道，我们的生活很大，我们的思维也应该很广阔。孩子的"听话"有时并不是一件好事，爱思考、勤问问题的孩子往往会取得成功。所以，作为家长，多给孩子一点选择余地和空间，不要把孩子想象的翅膀强行折断，让他们凡事有三个选择是我们能给他们最好的礼物。

家庭幸不幸福要看孩子成长的好不好

教育孩童首重激发兴趣和爱心，否则只是填鸭式的灌输，毫无意义可言。

——伊罗丝

孩子是一个家庭最重要的"宝物"，对于家庭来说，孩子的成长决定家庭幸福的长度。重视孩子的教育不单是为了培养孩子，还为了我们的家庭更加的美满和谐。

再有钱再有地位的夫妻，如果孩子不成才，他们的家庭也不可能幸福。就算是夫妻再怎么相爱，如果孩子没有好的的未来，那么夫妻俩也不可能有什么幸福可言。

所以，在婚姻中，照顾好孩子，让孩子能健康快乐的成长是美好婚姻的催化剂。有一个聪明可爱的孩子，能在无形中化解很多家庭危机，让婚姻更加的牢固。没有孩子的家庭不幸福，但是孩子成长不尽如人意的家庭比起没有孩子的家庭更加不幸。很多家庭之所以爆发家庭战争就是因为孩子的成长有些不顺利的地方，夫妻双方为了孩子各执一词，固执地不肯退让，于是家庭陷入了"战火纷飞"。

小莫的父母家庭条件都非常好，两个人的感情也非常好，生小莫后两个人更是如胶似漆，兼之小莫长得也非常可爱，这个家庭着实过了一段非常甜蜜的时光。但是，好景不长，很快，夫妻俩发现小莫似乎发育得很慢，不论是走路还是说话都比别的孩子慢几拍。本来两人没把这放在心上，还常说"贵人语迟，看来我们的宝贝小莫以后一定会有大出息。"

但是见小莫迟迟没有说话，两个人着急了，于是带小莫去医院检查。检查的结果差点让两个人崩溃，小莫竟然因为长时间缺少跟家人的沟通导致语言机能发育不完全，还有些自闭的倾向。这样的打击令原本幸福的家庭天翻地覆。夫妻俩先是找了各种原因，希望找出孩子有缺陷的根源，但找来找去都没有结果，夫妻俩只能黯然放弃。

随后，两个人开始积极地寻找治愈孩子的方法。先是两个人频繁地请假带孩子去求医，接着干脆辞职，专心带孩子去治病。但是，小莫的病情没有丝毫好转。这让小莫的父母觉得非常绝望。但是这是自己的孩子，怎么能就此放弃。于是两个人开始自己想办法开发孩子的智力，希望小莫能做到和正常人差不多。但结果依旧令人绝望。

俗话说"久病床前无孝子"，为了小莫的病，小莫的爸爸妈妈分别辞去了工作，时间长了家庭也变得拮据起来。两个人开始互相推诿，指责是因为对方孩子才变成这样的。一年、两年，渐渐地，小莫的父母也开始绝望了，他们开始厌烦带这样的带着孩子四处求医问药的生活，也开始厌烦对方了。

最后，小莫的妈妈先忍不住了，提出跟他爸爸离婚。考虑了一下，他的爸爸也同意了。离了婚的两个人分别到了不同的城市寻找新的生活，把小莫交给老人带。就这样，一个原本和美的家庭就此分崩离析，曾经的幸福也如过眼云烟般消散了。

孩子的成长决定家庭幸福的长度，孩子停止成长了或是孩子成长的不好了，家庭的幸福也就到头了。对于一个家庭来说，孩子是家庭的中心，同时还是一个家庭的未来和希望。所以，关于孩子的教育不论什么时候都不能忽视，只有孩子健康成长了，我们的家庭才能一直幸福和谐。

不要以为身为妻子只要照顾好老公就可以了的，教育孩子也是你的重要责任。孩子是夫妻两个人爱的结晶，只有照顾好孩子才是照顾好你们的爱。忽视了对孩子的教育，那么等到孩子的成长出现问题时，你的家庭也将没有安宁。多少和谐的家庭就是因为孩子成天吵架，多少美满的夫妻就是因为孩子不学好而走向分手。

只有有一个可爱聪明的宝宝，家庭才能幸福。因为孩子是连接父母的纽带，孩子的成长出现问题，父母的感情也必然会出现问题。所以，教育好孩子是每位妻子的头等大事。

>>> chapter

06

第六章

会持家的女人最得男人欢心

一提起家庭,每个人肯定会在第一时间想到"温馨"两个字,确实,家庭一定要温馨。很多女性朋友对于老公不愿意回家感到很纳闷,其实,很多时候这都是因为我们没有营造好一个温馨的家庭氛围。要知道,温馨的家庭才能让男人有归属感。

天性多疑的女人婚姻容易 OVER

> 爱如果为利己而爱,这个爱就不是真爱,而是一种欲。
>
> ——爱德门

多疑似乎是女人的天性,不管是处于恋爱阶段还是婚姻生活当中,女人的发散思维都会发挥得淋漓尽致。那么天性多疑的女人是否能够让婚姻生活朝着对自己有利的方向发展,还需要从多个方面考虑。女人应该学会控制自己的情绪,控制自己的思想,不要让怀疑迷惑了自己的眼睛,任何男人都无法忍受一个女人的不信任。

最近我的一个关系比较好的异性朋友经常和我抱怨说,夫妻俩这段时间天天吵架,还总是因为一些无中生有的事情,妻子整天疑神疑鬼,不是怀疑自己和女上司有不正当关系,要不就是怀疑自己和其他的异性朋友关系太过亲密。我就安慰他说:"你妻子其实也是太在乎你,只不过方法有点过激,你应该多体谅体谅她,她也挺不容易的,多跟她沟通沟通。"

他叹了口气说:"我怎么没沟通,我都快天天跟她解释了,可有什么用呢。她还是整天猜疑,我简直快被她逼疯了。小赵你也认识吧，不过就是那天晚上她过生日，请我一起去参加聚会，不过是回来得晚一点，她就跟我一顿大吵，非说小赵对我有意思，要不怎么那么晚才回来。你说参加聚会难免会玩得兴致高点，回来晚那么一会儿至于吗？非说小赵是借过生日为名来借机接近我。还给人家小赵打电话让人家再别缠着我了。弄得人家小赵见到我都不敢和我说话了。你说她这不是神经病吗？这日子我没法过了。"

朋友的这些话让我有了很大的启发，现在很多女人常常借着太过关心、在乎丈夫的名义作出了很多过激的行为。翻看对方的通话记录、频繁地给丈夫打电话、发信息催促丈夫快点回家、用过激的手段赶走丈夫身边的每一个异性朋友、甚至因为自己的多疑跑到丈夫所在的公司侦查"敌情"等等，这些手段都很深刻地反应了一个女人的不自信以及生性多疑的性格。

也许在她们看来这些行为并没有什么，哪个女人不担心自己的丈夫有外遇呢？但是她们忽略了一点，那就是男人最无法忍受的就是女人这些神经质似的过激行为。为什么男人就不可以有一两个关系比较好的异性朋友呢？为什么男人就不能去参加异性朋友的生日宴会呢？为什么男人就一定要整天受到女人的无休止的盘查呢？婚姻的基础是相互理解和信任。而信任的第一步就是要对自己、对丈夫、对婚姻有信心。生性多疑的女人，她们的婚姻注定是要失败的。

在男人眼里，一个生性多疑的女人往往更容易暴露自己的所有缺点，多疑意味着自卑、没自信。男人在发展事业的时候肯定会遇到很多挫折和困难，在他们意志薄弱的时候，最需要的就是女人帮助他们建立信心，重拾自信，一个对自己都没有信心的女人，又怎么能帮助男人建立自信呢？另外，一个喜欢猜疑的女人很容易做出一些非常过激的事情，而这恰恰体现了女人的不讲理与"泼妇"行径。尤其是这样的女人频繁地让男人在自己的朋友面前丢面子，这恰恰是男人最无法忍受的。

所以说，只有自信的女人才能够很好地维系自己的婚姻。而建立自信的第一步就是要摆正好自己的心态。既然对方选择和你共度一生，那么就说明你们之间的感情是牢固的，为什么要因为你自己的不自信而破坏这段感情呢？！

很多时候，自信等同于睿智。一个睿智的女人是不会让猜疑迷惑了自己的心智，也不会让幼稚、无知的行为毁掉了自己辛苦经营的婚姻，要知道，一旦你让自己的婚姻陷入了危机，那么以前你所付出的一切就都付之东流，没有任何意义了。要想拴住男人，那么就要学会"投其所好"，给他他想要的东西，他需要信任，那么就给他信任，给他空间。不要用一个又一个的枷锁封闭住他。即使心中有猜疑，那么也不要表现出来，要动用自己的智慧去了解事情的真相。

比如说，如果老公整日声称自己要加班到很晚，工作非常忙，而你又不愿意因为自己的猜疑让老公觉得自己辛苦的工作甚至都得不到妻子的理解和信任，那么不防亲自去"视察"情况。给对方送去营养滋补的汤、热乎乎的饭菜，既让男人体会到妻子的体贴与关心，还能了解到丈夫到底是不是在加班。

不要把信任理解为放任，如果你的婚姻充斥了猜疑和不满，那么这样的婚姻是不会永久的。虽然我建议女性朋友动用智慧来化解心中的猜疑，但是我并不是让你们对于每一件事都去仔细调查。因为如果信任过度，那么婚姻也很容易出现问题，女人要懂得保护自己，进而保护自己的婚姻。一个聪明的女人往往知道该如何化解婚姻中可能出现的危机。

如果对对方没有丝毫的信任，那么这样的婚姻再一开始就是错误的。两个人在共同生活的时候都非常的累，不仅身体累，心里更累。一个在不断地进攻，一个在不断地防守，男人的防备心里会变得越来越重，女人无形中给对方增加了很大的心里压力，到了一定程度的时候，这种压力就会爆发，最后会变得一发不可收拾。

每个女人都有猜疑心里，都有或多或少的不安全感。但是如果不知道该如何采取正确的办法来维护自己的婚姻，而任由自己的猜疑占据了整个大脑，那么最后受伤的还是自己。维系婚姻是一门学问，也是一种智慧，婚姻有时候就像是一个弹簧，如果你总是用蛮劲拉这个弹簧，那么最后弹簧就会断裂，男人也是如此，你攥得越紧，那么他越有可能逃跑。克服多疑的一个最主要的办法就是建立自信，一个又一个失败婚姻的案例已经很明确地告诉了我们，一个生性多疑的女人往往是造成婚姻关系破裂的主要原因。因此，与其做一个毁掉婚姻的愚蠢女人，倒不如做一个把男人栓牢的聪明女人。

老公最伤心的事莫过于攀比

虚荣是婚姻的阴霾。

——乔治·桑

男人爱面子，女人也有虚荣心，没有虚荣心就没有前进的动力，那么世界都没有办法发展了，所以说适当的虚荣心对于我们来说是有利无害的。女人有虚荣心才能敦促老公努力，否则两个人都没有欲望，那么生活水平只会越过越差，不可能越过越好。但是，虚荣心也要有度，要是上升到乱攀比的程度，那就有点过了，攀比是最能伤老公心的。

世界上的财富和权力是无止境的，永远也追求不完，但我们不能停下脚步，要有一种永远进取的想法，这是没有错的。可是，这个进取心不能过度，我们有权利追求更好的生活，可我们不能通过伤害老公的自尊心来获得这些。每个人都厌恶自己被和别人对比，男人尤其如此。把自己的老公和别的男人对比，开口闭口都是"你看那个谁谁谁，人家本来怎样怎样，现在比你强多了。"这样的话，这对于老公的伤害远比你想象的大。你可能认为自己是用"激将法"来鼓励老公，但你却没有预料到，这对于老公的心理有多大的伤害。

没有哪个男人能忍受自己在老婆心目中的地位不如另外一个男人，这对于他们来说是莫大的耻辱。如果你认为他们会因此而发奋图强，那你就错了，他们会因为各种原因而努力，但不太可能为了老婆的攀比心态而奋斗。

女人的攀比不但能伤老公的心，还可能给老公的事业造成伤害。古今中外那么多贪官，仔细查一下就能发现，他们都有一个共同点，就是有一个贪心的老婆。"枕边风"是这个世界上最可怕的东西，如果老婆贪心爱攀比，就会想方设法催促老公赚钱，那么老公很可能就会走上邪道。要是老婆不攀比有良心，那么老公就算想犯错误，老婆也会阻止他，不让他后悔终身。

莎士比亚的四大悲剧之一《麦克白》中的主人公麦克白就是毁在了贪心的妻子的手里。麦克白本来是一位于国有功的贵族，战胜归来的途中遇见了三个女巫预言他将成为国王。本来他并没有这样的想法，但他的妻子出于虚荣心怂恿了他。于是麦克白通过一系列阴谋诡计，杀了原有的国王也就是他的表弟邓肯，自己当上了国王。

为了巩固权力，麦克白还杀了很多人，导致民不聊生血流成河，麦克白和他夫人也愈加痛苦。最终麦克白的夫人受不了精神的折磨而自杀，麦克白也被邓肯之子和他请来的英格兰援军杀死。麦克白的悲剧从某种程度上来说就是贪婪的人的悲剧，也是女人爱攀比的恶果。

女人爱攀比既伤了老公的心，也让自己在老公心里的地位不复从前。女人们在肆意伤害老公而不自知的同时，老公也开始对女人们进行反击。他们所做的反击就是去找别的女人。自古以来，"小三"的共同特征就是温言软语，对男人十分依赖，同时事事都顺着男人，能满足他们的大男人心理。这是所有男人所向往的女人，是男人骨子里的"劣根性"所决定的，不是我们严防死守就能解决问题的。

如果女人们总是在老公面前攀比，伤害老公的自尊心，那么在你身上受了伤的老公自然会去找那些不会伤害他们的女人。这样的话，你不但不能激励老公，反而会让老公对你失望。所以说，攀比是一件损人不利己的事，只是能满足你一时的虚荣，但它给你的婚姻所带来的，却是永久的伤害。

不要以为自己是最聪明的，要知道，自作聪明的人往往吃亏的是她自己。不要以为自己的攀比无伤大雅，甚至能够鼓励老公。老公不是傻子，攀比和激将还是能分清楚的。所以，不要为自己的虚荣和贪心找借口，自以为为之安上了一层"激将"的外衣就能让老公乖乖地听你的话。要是真的想激励老公，那么就去用正常的方法吧，用你的理智说服他前进，而不是用你的攀比伤他的心。

你还按娘家的生活习惯生活吗

　　夫妻间是应由相互认识而了解，进而由彼此容忍而敬爱，才能维持一个美满的婚姻。

　　　　　　　　　　　　　　　　　　——巴尔扎克

　　杨阳最近很苦恼，她才刚结婚没多久，还没过蜜月期就发现婚姻并不如想象中那样美好。原来是结了婚的杨阳按照在娘家的习惯安排生活，没想到有些习惯和老公的习惯完全不同，甚至完全相反，这让杨阳非常不理解，希望老公改过来按照自己的安排生活，老公却觉得杨阳不可理喻。

　　就拿洗澡来说，杨阳以前的习惯是每天晚上早上各洗一次澡，老公却只在晚上洗澡。杨阳觉得老公不讲卫生，老公却觉得杨阳穷讲究，老是做些根本没有必要的事。为了洗澡的事，两个人就吵了不知道多少回架了。其他类似的事还有不少，这让杨阳严重怀疑起来自己应不应该结婚，甚至想过要趁两个人的关系还没有极度恶化赶紧分开，在对方的生命中留下美好的影像。

　　这样的想法当然只是想想而已，但是杨阳遇到的烦恼想必许多刚结婚的女孩子都会遇到。刚结婚的女人往往不能适应新的身份，她们会单纯地认为，除了生活中多出一个男人，她们的生活和从前没什么不同，但他们没有意识到，这多出的一个男人会给她们的生活带来多大的改变。

婚姻说起来简单，不过是两个字，但是婚姻的学问写成书却可以堪比辞海。刚结婚的女人往往会想当然的用自己的想法来安排新家庭的生活，忽略了老公的感受。她们往往开口闭口就是"我以前就是这样的"，却不知道，这是最让老公反感的。男人往往对于老婆总是用娘家的习惯来安排新生活非常厌恶。毕竟，谁都是有自己的家的，凭什么女人就能按照自己的娘家习惯来要求老公呢，也有自己的习惯，我们必须尊重他的个人习惯。

结了婚，两个人的生活就和以前完全不同了，女人也要学会适应这种新生活带来的变化，不能时时都想着娘家，这样的女人显得十分不成熟。男人要娶的是一个能温柔的包容他的女人，而不是一个总是想着娘家的不成熟的小女生。结婚前你可以幼稚，可以遇事就去找妈妈商量，但结婚后你就是个成熟的女人了，你就必须学着改变自己了。每个人都有自己的习惯，或许你的老公十分宠着你，但你也不能忽视他的习惯和需求，完全按照自己的想法来生活，这样不论是对你的老公还是对你的婚姻都没有什么好处。

有的时候你可能认为自己做的并没有错，你只是坚持了以前的生活习惯。确实，女人也有权利在婚后坚持自己的生活习惯。

但是，这种坚持不应该以侵犯了老公的利益为前提。我们不应该也不能强迫老公按照我们的安排生活，尤其是这种安排还是我们在娘家时的习惯。

其实，婚后的两个人应该互相包容，毕竟婚姻带来的改变是影响两个人的。因此两个人都应该为此而互让一步。女人更应该多让一步。毕竟女人天生比男人多了一份包容和温柔。女性的温柔是保证一个家庭完整的粘合剂。不论遇到什么问题，只要你能让一步，那么就不会发生争吵。在新家庭的生活习惯这个问题上，女性也应该多加忍让。男人是粗心的，他们往往不能意识到这些细小的细节，但是他们能发觉生活发生的改变。如果这些改变让他们无法忍受，那他们就会觉得很难适应，如果这时你再说什么这是娘家的习惯，那他必定会生气，觉得跟你结了婚导致生活质量下降了。

就像杨阳，她觉得自己是为了老公好，但是老公却觉得杨阳多管闲事，觉得自己结婚后受到了管束，不但没有感觉到杨阳的好意，反而责怪她。但这件事其实很简单，一天洗两次澡还是一次澡根本不影响他们的生活质量，只要两个人互让一步就可以轻易解决，根本没有必要闹到冷战甚至要分手的地步。

结婚要过的是一种新的生活，不能按照以前的生活习惯来安排。毕竟，和你一起生活的人已经不是以前那些了。我们的习惯也要适当地进行一些改变用以适应新的生活。

人的生命是向前发展的，开展了一段新的生命旅途就不应该总是回顾过去。结了婚就不应该总是想着娘家，这往往是婚姻不合的前兆。妻子不能按照娘家的习惯来安排新生活，这对于新生活来说不是什么好习惯。因此，我们应该用全新的心态来迎接全新的生活。

并非所有的事都要和他商量

> 婚姻并不是简单的捆绑，事实上彼此存在一点点空隙才是完美。
>
> ——绪儒斯

人们通常把一个人的妻子称之为这个家的女主人，在现代，家庭通常是属于夫妻两人的共同财产，也就是说，作为妻子，你拥有这个家至少一半的指挥权。这就意味着，在家庭的事上，你其实没必要所有事都非要和老公商量，你完全可以独立决定一些事。

婚姻和恋爱最大的不同就是有了婚姻的约束你和老公就从情感和法律上都是一家人了。而作为家庭的主人之一，老公更希望自己的妻子能够帮助他一起打理家庭，让他在工作时没有后顾之忧。如果你事事都要跟老公商量，就连买菜都要跟老公讨论半天，那作为妻子的你就太失职了，甚至连存在的必要性都减少了许多。

中国自古就有"娶妻当娶贤"的说法，作为妻子的重要责任就是帮助老公处理家庭内部的责任。《红楼梦》中的王熙凤就是因为会管家，能够打理好荣国府的一大摊家业，贾琏虽然在外花心，但从来都没有休妻的意思，甚至连和女人偷情时情妇说王熙凤的坏话都会大发雷霆。

能够打理好家庭的妻子才能得到老公的尊重。所有的事情都要问过老公才去办的老婆只会让老公更加疲惫,这样他就会下意识的认为,你连这点小事都办不好,那么你还有什么长处呢。于是在老公的眼里,你的缺点就会被放大数倍,一点小小的缺点都可能成为老公厌恶你的理由,很可能到最后老公跟你提出分手你都不知道发生了什么事。

玉华的家境一般,但是却嫁给了一位非常有钱的商人。结婚后的玉华认为自己出身一般,没有什么见识,于是在管理家庭方面不论什么事都要先问过老公才敢去做,凡事都战战兢兢,就害怕做得不好给老公丢人。有的事就算老公说了好几遍玉华下次做时还是要再问一遍,搞得老公非常的烦躁。

玉华做菜非常好吃,于是经常不用佣人自己给老公做晚饭,但是每次做饭前玉华都要就菜单问好几遍老公,生怕自己做了什么老公不喜欢的菜。有的时候,玉华的老公想搞些浪漫,就会说:"亲爱的,无论你做什么我都喜欢吃。"没想到玉华听后就像没听见似的,依旧问个不停,搞得老公扫兴无比。时间长了干脆说:"你以后不要自己做饭了,家里有佣人,何必自己做,那不是白花钱了。"于是玉华竟然真的不再给老公做饭了。

过了几年,玉华的老公终于受不了了,他本身就非常忙,结果玉华还老是拿一些鸡毛蒜皮的小事来烦他。于是他果断地给了玉华一大笔赡养费跟她离了婚，去娶了一位女强人。果然，这位女强人婚后把家里家外打理得井井有条，两个人生活得十分幸福。玉华却一直没弄明白老公为什么跟自己离婚，还以为是老公觉得自己的出身配不上他才提出离婚的，为此玉华还埋怨了父母很久。

　　玉华的例子对于我们是个非常好的警示，或许我们并非每个人都能嫁入豪门，但是只要我们是活在这个社会上，我们就要处理各种事情。作为妻子，作为某人的太太，我们就应该肩负起为他分忧的责任，而不是为他添麻烦。连晚饭的菜单都要问老公好几遍的老婆，我想不论哪个男人都是受不了的。有些事我们可以自己做主就完全不必要跟他商量，到时候给他一个惊喜岂不是比一直烦着他更好吗？何必一直畏畏缩缩的，毕竟你也是这个家的主人，你有权利为这个家做出某些决定。

　　男人愿意娶妻子，其实其中不乏有找一个人来帮他分担一些责任的想法。作为妻子，我们应该能理解老公的心理，毕竟，又要打拼事业又要照顾家庭不太现实，两个人一起奋斗会减少许多负担，而且我们不能指望一个大男人每天处理这些家庭琐事，这实在也不太可能。所以，我们应当尽量的帮助他们，对于我们能做主的事，就尽量不要麻烦老公，让他们尽可能的多休息一些。而且有些事情也不适合男性插手，他们也不能理解那些女人们的想法，如果问他们事情可能会更糟糕，还不如我们自己来呢。

　　不要以为尊重老公就是要任何事情都告诉，其实这正是你不信任他的表现。因为真正互相信任的人是不会质疑对方的决定的。如果你够尊重你的老公,如果你够信任你们间的关系,那你就应该学着自己决定事情,不要事事都麻烦老公。这是对他最好的支持和帮助,也是你们间互相信任的"铁证"。

用心搭建你家的和好模型

> 世界上的一切都必须按照一定的规矩秩序各就各位
>
> ——莱蒙特

小刘和小李是一对才结婚不久的夫妻,就在他们度完蜜月的那个晚上,小刘就问老公:"老公,你能答应我一件事吗?""当然可以,"小李满口答应,"是什么事?"小李有问。小刘答道:"老公,我希望我们以后不管为了什么事情吵架,时间都不要超过一夜,可以吗?"见小李有些不解,小刘又解释道:"就是不管为了什么我们之间有了不愉快,我们都把时间控制在一晚上,到了第二天天亮,我们就和好。"

小李听了大为震惊,他本以为是老婆想让他给买什么东西呢,没想到小刘竟然如此努力地为了他们的家庭而思考。深受感动的小李马上答应了小刘的要求,并且承诺,以后不论为了什么吵架,自己第二天都会为小刘买一束花,只要看到这束花,他们就要忘掉不愉快。

果然,从这之后,小李和小刘成了人人羡慕的模范夫妻,朋友们几乎没有见到他们吵架,即使吵了也很快就能和好,每次和好后他们的感情就又增加了一分。很快，两个人就有了宝宝，过上了甜美的小日子。

其实，夫妻俩之间并不怕吵架，也不怕有争执。有争执正说明你们都肯为了这个家而努力而思考，如果两个人都对家庭漠不关心，那肯定不会有争执，不过这样的家庭是不可能会幸福的。吵架并不可怕，其实夫妻哪有隔夜仇呢，很多时候只是我们都抹不开面子，缺少了那个和好的"台阶"而已。在这种时候，如果我们像小刘和小李那样，搭建起了一个家庭的"和好模型"，那么我们所遇到的争吵和困难就能很快解决了。

用心搭建你家的和好模型，可以帮助我们省却很多麻烦。年轻人往往会过分注重自己的面子，吵架时都希望对方先低头。尤其是女性，都希望男人来哄着自己，但男人也是十分的要面子，他们会觉得总是哄女人，在老婆面前伏低做小很没有面子。就这样，两个人都僵持不下，原本很容易解决的事情也会变得艰难无比。但如果我们之前就搭建好了一个和好模型，一旦吵了架，就可以像小李和小刘那样按照模型来和好，这样也省去了很多麻烦，也不用费尽心思来找什么"台阶"来下了。

搭建好一个家庭和好模型是我们的生活充满理智的体现，爱情需要激情，但是家庭更多的需要的确是理智。新婚的夫妻往往会充满冲动与激情，这就意味着我们往往会前一刻还在甜蜜后一刻就翻脸吵架，甚至大打出手。这时我们就需要理智地面对纷争了。静下心来思考为什么会出现分歧，思考怎样才能解决问题，不要因为面子这样不重要的东西给我们的生活蒙上一层阴影。找到了出事的原因，我们就可以按照事前订立好的"和好模型"来和好，不用羞涩，不用假装自大，只要能开诚布公，向对方袒露你的心情，那么他就会理解你的想法。在真诚面前任何误会都可以轻易地解开。

如果说婚姻是两个人的舞蹈，那么和好模型就是那首舞曲。跳舞的过程中难免会踏错拍子甚至踩到对方的脚，这时候我们不能慌乱，一旦慌乱那么就会越跳越乱最终舞不成舞。我们只要静下心，仔细聆听舞曲按照节奏重新跳起，那么这场舞蹈是不会因为这点小小的错误而停跳的，这点错误甚至会成为舞蹈中的又一个亮点。

就像夫妻吵架，有的夫妻就能从上次吵架中很快恢复过来，并且找到两个人之间的矛盾焦点，及时解决它，这样防患于未然，生活自然会越来越甜蜜。但是有的夫妻却没有意识到建立一个你们的和好模型的重要意义，把本应用来解决矛盾的时间用来制造更大的矛盾，这样的生活岂不是越过越无趣，很快两个人就都会疲倦，在这时，婚姻也就走到了尽头。

搭建好你家的和好模型是需要用心的。要用心思考你们各自的性格，选择一个两个人都能接受的模式，这样执行起来才没有阻碍。建好模型后践行也需要用心，建好了模型却不用，那跟没有也没什么区别。另外，这个和好模型不是一成不变的，随着时间的前进，我们的模型也要逐渐发展完善，因为刚制定模型时难免有些是我们没有想到的，只有不断完善才能保证这个模型的牢固。要知道，在婚姻里，只要能够用心，那么无论什么都不能对我们的家造成损坏。

像老鼠奶奶一样管理你的家庭

>每个人的家对他自己都像是城堡和要塞。
>
>——科克 .E.

一个女人在家庭中应该充分发挥自己的主导作用,因为女人不光有妻子这一个角色,还包括领导者、心理咨询师、知己等角色。而最重要的一点就是要学会管理自己的家庭。充分利用自己的长处,比如说理财、统筹规划等等。婚姻的和谐发展并不仅仅是处理好家庭琐事就可以,女人一定要学会像老鼠奶奶一样将大事小情都处理得游刃有余。

老鼠的特征相信大家都有所了解,那就是灵活狡猾。在处理家庭问题的时候,女人不妨也学学老鼠的"处事风格",像老鼠奶奶一样管理家庭。

有一则寓言叫做一只老鼠可以领导一群大象。这则寓言讲的就是一群大象在一起争论该由谁做头领,这些大象争论得不可开交。有的认为应该由象牙最长的做头领,有的认为应该由最强壮的做头领,有的认为应该由牙齿最尖利的那头大象做头领,还有的认为应该让最聪明的那头大象做头领。

正当大家争论不休的时候，一只老鼠经过，它站在树枝上，对这群大象说："还是让我当你们的头领吧。"听到老鼠的这句话，所有的大象都大笑起来说："你这么一只小老鼠还想做我们的头领。还是钻回你的老鼠洞去吧。"

老鼠不紧不慢地说："我的确不是你们的同类，而且你们嘲笑我的原因是因为我个子比你们小，力气比你们小。但是你们想一想，如果你们在你们中间选一个头领，其他人必定不服，反而会引起很多争斗，如果让我做头领，你们根本不用担心我会偏向谁，因为你们对我来说都是一样的，也不用担心我会私底下报复谁，只有我才能做到公平、公正、公开。而且我比你们要灵巧得多，我可以帮你们搞来很多你们爱吃的食物，我还非常灵敏，如果附近有危险动物靠近，我还能及时通知你们。"

大象们经过一番探讨之后，一致同意由小老鼠担当他们的首领。

这则寓言虽然看起来和婚姻家庭没有任何关系，但是如果细细研究起来，你们就会发现，其实在管理家庭事务方面，女人可以应用老鼠的管理法则。经研究发现老鼠是一种非常聪明的动物，它们懂得利用自己的长处来弥补自己的短处。比如说，夫妻之间如果因为财政大权该归谁管的问题产生分歧，那么女人不妨就学学老鼠的处事方式。男人可能会理直气壮地说，家庭的绝大部分开销都是自己负担，那么财政大权理应由自己掌管。

而女人又担心男人掌握了财政大权之后会为所欲为，或者是做出某些危害到家庭的事情，因此一定要想尽办法地夺取财政大权。这个时候，女人就可以对男人说："首先，我是一个女人，我比你要细心，比你知道该如何理财。现代社会，理财已经越来越重要。我现在也在不断的学习理财。另外，女人的第六感有时候非常敏锐，能够觉察到一些危险因素的发生。还有一点就是，你挣的比我多，说明你在工作上的能力比我强，但是在处理家庭事务方面你就远远不如我了。"

其实，在夫妻相处的时候，女人一定要学会用智慧来解决问题。管理家庭有时候就相当于管理一个企业。一定要掌握一定的管理法则。老鼠常常是狡猾的代名词，在婚姻生活中，女人不妨也学学狡猾的策略。比如说，撒娇就是一个近似于狡猾的策略。有的时候，男人是吃软不吃硬。你越是跟他硬着来，他越是不领情。如果你试着转变方法，化百炼钢为绕指柔的话，反而另有一番滋味。

相信有一个场景是很多女人都经历过的，那就是看到丈夫和某个异性朋友在一起相谈甚欢，女人的敏感神经一下子就调动起来了。糊涂的女人在这个时候会摆脸子给男人看，让男人知道自己不满、不高兴。但是在外人面前，男人往往不肯低头。回到家，两个人的冲突逐渐升级。

而聪明的女人在这个时候会压住内心的猜疑和怒火，努力展现自己善解人意和温柔的一面，这样反而给足了男人面子。回到家的时候，她也不会立马和男人翻脸，而是撒娇地表现自己的醋意，看着女人的娇羞之态，男人又怎么会不动心呢？

女人在婚姻生活中一定要发挥自己的主导作用，这样才能保证婚姻关系的和谐发展。管理家庭是一门深奥的学问。像老鼠一样狡猾和敏锐往往可以有效地避免很多误会和冲突。聪明的女人要学会动用自己的一切优势来为自己服务。还需要注意的一点是，在夫妻相处的过程中，女人不要把自己置于领导者的地位，有居高临下的姿态，如果总是抱有管男人的心态，那么婚姻是不会和谐的。管理家庭其实就是为了处理好家庭中的一切事务，不管是物质上的，还是精神上的，女人都应处理得游刃有余。

"我们"的未来在我手中

> 经济基础决定上层建筑。
>
> ——马克思

在家庭中,女人一定要保证占据家庭的"主导地位",男人是赚钱的,女人一定要是管钱的。保证家庭的未来掌握在你的手上,才能保证家庭不会散。

要想把握家庭的未来,首先就要把握住家庭的"财政大权"。俗话说"男人有钱就变坏",这话虽然有些偏激,但是却还是很有道理的。身为妻子,一定要牢牢把握住家庭的物质基础。"经济基础决定上层建筑",只有让家庭的未来走向牢牢地按照你的意愿走,一个家庭才能稳固。毕竟,"男主外,女主内"这种思想在中国流传了已经几千年了,就算时代再怎样变迁,这种思想也很难改变,只有跟传统融合,我们的家庭才能符合社会潮流,才能更加稳固。

妻子对于一个家庭的重要性不言而喻。不能掌握家庭的未来的妻子不是合格的妻子。连你跟老公的未来都掌握不了,那又怎么可能好好经营你的家庭呢。如果连老公对你连这点信任都没有,那么这样的生活过着又有什么意义呢。

能把"我们"的未来掌握在"我"的手中，意味着老公对你无条件的信任。信任是婚姻的基础，没有信任的婚姻就像没有地基的大楼，这样的大楼必将不堪一击。只有老公信任你，才回把家庭交到你的手上，从此以后在外专心打拼，再也没有了后顾之忧。

很多"新女性"认为，家庭是两个人的，责任也是两个人的，女人也有工作也有事业，不能让女人自己掌握家庭的主导权。这种想法大错特错。女性在家庭中的地位并不应该因为社会地位的提高而减少，也不是说女人承担的社会责任越多相较而言在家里的地位就不是那么重要的了。其实，女人在社会上的地位越高，越是应该牢牢地把握住家庭的未来，社会地位高说明你的能力出众，这不正意味着你应该更好地经营你的家庭吗？很多所谓的"女强人"，在外光鲜，自己却没有一个幸福的家庭生活，没有一个幸福家庭的女人不论多富有，不论地位多高都是最不幸的。

电影《时尚女魔头》中，女主角的上司是时尚界的女王，但却经历了数次失败的婚姻。因为她一门心思扑在工作上，根本没有时间兼顾家庭。就算是前一天晚上离婚，第二天一早也要收拾得光彩动人，精神抖擞地去工作。她在事业上的成功确实让人羡慕，但是她也确实是一个失败的女人。一个女人如果没有一个完整的家庭，那么就是一个不完整的女人。你可以没有孩子，但你一定要有一个爱你的老公。这是女人幸福的保障。

有了一个家，那么无论我们在什么地方，无论我们做什么，我们都会显得底气十足，充满了安全感。为了维持这种安全感，我们也要掌握家庭的主导权。以前有一句笑话说得很有道理，"男人征服世界，女人征服男人"。不可否认，这个世界上大部分重要职位都是男人在担任，男人也创造了这个世界的大部分财富。可是，这些男人绝大部分都有妻子并且夫妻感情很好。从某种意义上来说，其实是这些"驭夫有术"的妻子在操纵着这个世界。

不能把握家庭未来的妻子不是成功的妻子。如果老公不能把这个家完全的交给你，也就是说老公并不信任你，甚至看不起你。要知道，一个家庭如果不是妻子主持家中大小事务，那么这个家也离崩坏不远了。但是，作为女人，也不能主动要求把持家里的大小事。比如逼着老公把工资上交，比如强迫老公搬离公婆家等。

这样做非但不会让老公把未来交到你的手上，反而还会把老公越推越远，让老公觉得你是为了钱才跟他在一起的，或者以为你是一个小心眼的女人。男人最讨厌的就是小肚鸡肠的女人，我们一定要注意，既要得到家庭的主导权，也不能让老公看轻你。这要靠的，就是你的智慧和魅力了。一个有智慧有魅力的女人从来不屑于主动争夺，她们只会用智慧让男人把一切乖乖奉上。

从前的言情剧中常有这样一句话"许我一个未来"，这一般是女人对男人说的。其实，男人更希望能有一个女人来照顾他的未来。只要做得够好，那么"我们"的未来一定会在"我"手中。

伺候好老公的胃,他就回家了

> 饮食男女,人之大欲存焉。
>
> ——孔子

俗话说:"要征服男人的心,就要先征服男人的胃"。这句话确实是至理名言。拥有一手好厨艺的妻子,在老公的心目中绝对有至高无上的地位。

一手好厨艺是完美妻子的重要证明,不会做饭的女人鲜有能够获得美满婚姻的。有的人可能会说,我老公很有钱,我们家有保姆打理一切,根本不用我来操心做饭的事,我会不会做饭都无所谓。这其实大错特错。家里再有钱,不管能请得起多少世界名厨来为你们做饭,那和你亲自为老公做的意义完全不能相比。

中国古代,把妻子称为"中馈",所谓"中馈"指的就是"家中供膳诸事",可见烹饪对于女性的重要性。在古代,无论是贫穷还是富贵,就算是公主也要学习做饭。这被认为是四德(妇德、妇言、妇容、妇工)的重要内容。在现代,物质十分丰富,女性的社会地位也日渐提高,不少女性本身的工作也十分繁忙,根本没有时间做饭,也没有精力做饭。因此很多人选择了在外面吃饭或是请家政帮忙做饭。有很多职业女性甚至根本不会做饭。

身为女性,留住男人最好的方法就是先留住他的胃。没有别的女人不会对他产生什么影响,但如果没有美味的食物,那么就会直接影响到他的身体健康。男人不是傻瓜,哪个更为重要些,想来他们自己也能轻易分辨。这样,不费吹灰之力,我们就能把老公的身心留在家里。

做饭时的女人,其温柔的魅力是最能完全散发出来的。明明是那么娇弱的妻子,却愿意为了老公在满是油烟的厨房里挥汗如雨,这情景想必没有一个男人会不动容吧。这样的女人,想必也没有一个男人愿意错过。

可能有的人会说,我的工作这么忙,哪有时间来给老公做饭啊。其实,如果没有时间,那就没有必要天天做饭。忙碌的妻子好不容易放假,还会起个大早来给老公准备早餐,这样做的效果丝毫不会比每天做饭的效果差。经常在外面吃饭,偶尔自己做一次烛光晚餐给老公吃,其浪漫程度也丝毫不亚于在西餐厅共进晚餐差。

少女时代,几乎每个女生都会看过几本罗曼史小说,并且偷偷幻想自己是女主角,有一天能等来骑着白马的王子接自己去城堡里过幸福的日子。记得曾见看过一本小说,讲述了这样一个故事。平凡的女主角从小在家里负责全家的饮食,她没有任何特别之处,只有一手好厨艺。凭借这个,她成功地在完美的男主角心里留下了深刻的印象。男主角先是爱上她的厨艺，继而爱上她的人，然后就是一生的无怨无悔。即使后来男主角出国留学，女人患上胃癌，他们有近十年没能见面。重逢后他们的感情依然没能有丝毫的减退，反而愈加浓烈。

这样的一个故事或许太过于虚幻，但女人有一手好厨艺的重要性不言而喻。不会做饭的女人是不完整的女人，也是不幸的女人。女人在为老公做饭时，付出的不但是劳动，还有对老公的爱，而她们也能得到老公同等的爱和做饭时那种幸福快乐的感觉，这种感觉是没有为心爱的人做过饭的女人无法感受到的。

温馨的灯光，忙碌的妻子，以及老公面前的那一杯热茶。这个画面几乎是所有男人的梦想。吃完饭后我洗碗，你帮我擦干，我扫地你帮我倒垃圾。谁说平淡的生活没有趣味，生活的美好不正是体现在这些微小之处吗。我们总是在抱怨一成不变的生活，但却没有发现，正是这一成不变的生活带给我们多少趣味。

有的女人总是在抱怨做饭时的油烟呛黄了她白皙的面颊，烫伤了她细嫩的柔荑，但是却没有想到，她所作的一切老公都是看在眼里的。为了老公所付出的不会白费，他会为此而感动，也会为此而更加爱你。付出都是双向的，你给老公做饭，老公也会因此更加爱你，你也能从中得到快乐。这样的事我们何乐而不为呢。

女人一定要把老公的胃留在家里。只要成功留下了老公的胃，那么他的心也永远也跑不了，只能乖乖地停留在你身上。

权力大责任也大，家庭大政让他作主好了

> 要使婚姻长久，就需克服自我中心意识。
>
> ——拜伦

中国有一种家庭模式，是女人主导家庭生活，而男人主要发展事业。这种模式并不适用于每一对夫妻。那么女主内的这种家庭模式究竟是不是有助于婚姻的稳定于和谐呢？从很多方面来说，主管家庭生活的权利意味着要承担更大的责任，而这个责任男人并不是不想承担，而是没有机会。女人应该知道，家庭大政并不一定是自己做主才是最佳选择，让男人做主其实也是为了培养男人的家庭责任感。

很多女人有一个共同点，那就是在婚姻生活中，自己占据着领导者的地位，一切大小事都由自己做主，男人处于被领导的地位，所有的事情都要听从自己的安排，这样才真正体现了女主人的指责。这样的家庭模式的确适应某些家庭，有的男人往往性格比较内敛，不喜欢管理家庭琐事，如果由女人掌管，他们反而乐得清闲。但是有的男人则有比较鲜明的个性，如果女人再采用同样的方式，那么婚姻生活就很难维持下去。

在很多问题上，女人都倾向于由自己做主家庭事务，这样不仅可以避免与男人商讨时产生意见分歧和不愉快，还能体现自己的家庭责任感。比如说，针对孩子的教育问题，有的女人为了让孩子能够受到良好的教育，常常会不顾一切的为孩子报这个班，报那个班，认为这样才可以保证孩子能够升入比较好的初中、高中和大学。

但是在男人看来，孩子的积极性如果光靠这些所谓的培训机构是没有用的，倒不如让孩子养成自助学习的习惯，如果真的学习成绩跟不上，再考虑报班。这看似比较小的问题，其实很容易引发夫妻之间的分歧。女人因为自己做主已经成了习惯，有时候她们明知道自己的考虑欠妥，知道对方的意见是正确的，仍然不肯低头，硬要自己决定才行，似乎只有这样才能确保自己的女主人地位。

其实，在夫妻相处的过程中，家庭大政究竟该谁掌管并不是特别重要。如果一定要分出一个主次的话，那么我建议女人不妨成为家庭事务的二把手，也就是说让男人主管家庭大政。有的女人认为让男人掌权其实就是让自己处于被动地位，其实不然，如果换个角度想，你的权力越大，你的责任越大。让男人掌权，从某种意义上来说，其实是为了维护男人的尊严，并且有效地培养男人的家庭责任感。

当一个男人需要处理家庭的大小事时，他就会非常努力的去解决问题，家的观念也会逐渐增强。当家庭和其他事情发生冲突的时候，男人会自然而然的把家庭放在第一位。如果一个男人有非常强烈的家庭责任感，那么就会很有效的杜绝男人外遇的情况出现。而女人不妨在家里也扮演被领导者的角色，让男人去承担绝大部分的责任，同样也让他享受权利带给他的便利以及满足。这样的家庭模式其实是非常稳定的。

如果男人掌握了家政大权，那么他就会认为自己在家中的分量非常高，得到了妻子的任何和支持，最终男人的虚荣心就会得到满足。从某种意义上来说，这也是对丈夫的一种肯定。有时候让男人承担绝大部分的责任其实也是为了锻炼男人，一个聪明的女人并不会在家中体现自己强势的一面，相反，她们会极力维护男人的自尊心和尊严，让男人感受到自己对于家庭的重要性。当男人的家庭责任感不断增强的时候，婚姻也最容易维系。

女人一定要端正自己的心态，不要认为对方是抢班夺权。给男人做主的机会，其实就是向男人表示支持与信任的时候。女人不妨充当监督检查的角色，帮助男人把关，弥补问题的不足，并且尽可能的把危险因素降到最低。夫妻之间的默契如果得到了加强，就会很明显的减少矛盾的产生。另外，婚姻生活并没有我们想象的那么简单，有时候处理夫妻之间的关系要远远比处理工作上的同事关系复杂得多。如果处理不好，那么光靠两个人的爱妻来维护夫妻关系是远远不够的。

当两个人的爱情慢慢转化为亲情的时候，就更应该注意夫妻相处的方式。给男人多一点的权力，其实就为了让男人更加重视家庭，更加倾向于家庭。这也是让老公回家的艺术。所以说，权力大，责任也大，家庭大政不妨就由男人来做主。

户主的桂冠就给你老公戴吧

> 聪明的男人要冷静的女人来对付,但是愚蠢的男人就要是个相当聪明的女人才能对付。
>
> ——吉卜林

人们往往形容那些在婚姻生活中,不管大事还是小事都受到女人的管制,并且没有自主权利的男人为"妻管严"。从某种意义上来说,"妻管严"说明妻子对丈夫无微不至的照顾和关心。但是更多时候,男人希望能够当家做主。我所指的当家做主不光是对自己的事情有自主权利,还包括对家庭的抉择问题。男人毕竟是男人,他们对于尊严和面子的重视程度有时候超过女人的想象力,女人应该端正好自己的心态,把户主的桂冠让给男人,其实更多的是为了家庭的和谐与婚姻的和睦。

当两个人步入了婚姻的殿堂后,问题也就会如期而至,而大部分的小两口会为了谁当家这个话题争论的喋喋不休,当然其中也不乏会有两个人都不爱的当家的例子。

结婚后谁带着这个户主的桂冠呢?当两个相爱的人生活在了一起,住在了同一间房子里,共同为了属于两个人的爱巢出谋献策，为了共建美好的家庭心甘情愿地付出自己的所有精力，但在到达这个目标的途中难免会有些不同的想法，比如说新婚后不久的小王和小冯在装修完自己的爱巢之后，就家里的钱的下一步规划产生了分歧。

小王的想法是想把这部分钱拿来投资，开一个属于两个人的小店，这样的在小店收益还可以的情况下，既可以平衡当今不断上涨的 CPI，还可以让自己的家庭有长期的收益，而小冯觉得自己嫁人了，都听说爸爸妈妈那一辈的人都是女的当家，也就是女的管钱，在钱的方面女的说了算，而她的想法是在自己还年轻的时候多给自己的孩子攒些钱，这样的话可以让他得到更好的教育，最起码在孩子上学的时候不会为了钱而发愁。

在这个例子里夫妻之间是为了钱的有效利用而产生了分歧，当然在当今的多元化社会里，矛盾的产生也有了它多元化的一面。具体到谁当家做主不同的人也有他不同的看法。

国有国法，家有家规。国家由党派来领导，而家庭则是由个人领导，夫妻之间争论当家做主的现状虽然不能跟国家的党派之争相谈并论，但也有它的重要的一面，男人在外人面前都有他好面子的一面，但当谈论到谁更加适合当这个家的时候，还是把户主让给老公干吧。男人当家既可以培养他考虑事情的周密性，还可以是他在处理朋友之间的关系上粗中有细，关系到钱上还可以使他显得大气，不至于会为一点蝇头小利夫妻俩或跟其他同事争得脸红耳赤，没有自己可以支配的钱，随之而来受影响是在处理一些公司上派来的任务时也可能变得谨小慎微，明明一件很简单的事情，却迟迟不敢下手使单位错过了最好的机会。有了管理家庭的权利他会不断的有新的想法去怎么让自己的钱不变得那么"廉价"。想到这里估计很多家庭都有一些亲身的体验，就是老公总是想方设法的建立自己的小金库，长期下来，是自己的男人会变得虚伪，自然也缺乏了男人的那种魅力。

男人作为一家之主，当他面对自己手里有流动资金的时候，虽然这些资金是有限的，但都是自己跟老婆的辛苦钱，他会不由自主地为这笔款子详细的安排一个去处，好让它带回跟多的他们的同类。他会把每一笔花销计划得尽善尽美。

一个家庭当中男人当家，男人管钱，每个月发工资的时候，他不用把自己的钱如数的上交给老婆，使他有了更多的自由支配的空间，因为谈到自己的关系网，自己的朋友网的时候，往往男人比女人要有跟深刻的理解，所以他需要这笔钱这笔钱中的一部分去经营者中潜移默化的关系，这种关系可能是无法用钱来衡量的。

当你的家庭选择了男人当家，过程中你也就打破了一个传统的思路"男主外，女主内"。但其中也不乏有更深刻的理解，男人嘛，管管家也就是管家的意思，女人则顺其自然的当上了一家头头，他只不过是一个管财政的"大臣"。

心有余而尽力为之，当男人下班后便有了充足的时间来管理家庭，而一个有了财政大权的男人，管理完公司那些破事之后，便也想着把自己家里的事做得面面俱到，而妻子在其中就要扮演怎么会使自己的老公在管家的时候有一种征服感，这也就是他继续下去无穷动力。

男人管家管钱，能很好的把自己的老公培养为一个大丈夫，因为在家里男人有了至高无上的权利去管理家庭的琐事，去负责钱财的支配，可以使他更深刻的理解男人存在于一个家庭的意义，站在实施者的角度去考虑任何将要发生的问题，男人有了管理家庭和支配金钱的权利，无形之中，强化其责任感，把一个管理家庭的重担活生生地交到他手里，就好像把核武器的密码箱交给美国总统后，他就不得不强硬、高大起来，因为压力可以锻造出好钢来。人都是被逼出来的，可能你老公就是下一个被逼出来的财政能手。

俗话说，女儿要富养，儿子要穷养。婚前儿子形象已经让他亲身体会到了钱的重要性，而女人的想必在婚前都是衣来伸手饭来张口，想要的家里肯定会一一满足，婚后就不妨给他点机会，来一试自己男人的伸手吧。

给丈夫以事业上的支持和帮助

> 幸福的婚姻不仅需有交流思想，也要感情交流，把感情关在自己心里，也就把妻子推到自己的生活之外了。
>
> ——奥斯汀

古今中外所有著名的佳偶都有一个共同的特点，那就是妻子能给丈夫以事业上的支持。所谓夫人，不就是能辅佐丈夫事业之人吗。如果能让老公在生活或是事业上都离不开你，那么你何愁婚姻得不到保障呢。

马皇后之所以能得到朱元璋的尊敬，就是因为她一路扶持朱元璋打下大明江山。作为妻子，想要得到老公的尊重，那么就要让老公感觉到你的重要性，最简单的方法就是能在事业上辅助他。

现在很多女性有这样一个误区，她们认为在外打拼是男人的事，女人只要帮老公花钱就可以了。但她们没有想到，天下没有白吃的午餐，老公凭什么一直养一个毫无长处的老婆。可能有人会说，我长得好看。但好看只是一时的，没有谁的美貌是永存的。而且，没有内涵的草包美人只会让人越看越烦，不能为你加更多的分。相反，如果你能在事业上辅佐老公，那么即使你长得不是很美，但你和老公之间有着共同的事业，你们之间就不仅仅是肤浅的关系。在老公眼里,你也就不仅仅是妻子,而是集妻子、战友、同事、知己等等身份于一身的无法超越的存在。

爱情是十分脆弱的,很多时候它都会和其他感情绑在一起。比如夫妻结婚时间长了爱情都会转化成亲情,这样才能保证一生的相守。我们有没有想过,如果我们跟老公之间只有苍白而脆弱的爱情存在,那么,当我们的爱情散去时,又有什么能支撑我们的家庭呢。就算是爱情会转化为亲情,那也必须要有适当的催化剂才行,回想你们苍白的过去,那些恋爱时的约会你认为足以承担这样的任务吗?但如果你能在事业上帮助老公,那么你们就会一起经历很多的风雨,这样,即使有一天你们的爱情不再,你么也有这样的经历足以支持你们一起走过人生剩下的旅程,而且由于你的能干,老公会发现,他根本就离不开你。

另一方面,人们都说:"认真工作的女人最美丽。"能够跟老公一起为事业努力奋斗的你绝对比只会帮老公花钱的你更加迷人,就算因为努力工作你的美貌早早消褪,但我相信,在老公眼里,你绝对是比任何美女明星都耀眼的存在。因为男人们知道,老婆一定要找最适合自己的。

俗话说"夫妻本是同林鸟,大难来时各自飞。"如果老公的事业出现了危机,这时你却陪在他身边,当他东山再起时,他对你的心情可想而知。然而,不要以为帮助老公一时就可以了,一定要持之以恒,毕竟,就算是夫妻间都是能共患难的多,能共富贵的少。所以,为了保证你的地位,你一定不能有松懈,就算是情况已经好到不需要你时刻帮忙时,你也要坚持了解老公的事业的动态,努力让他的事业时刻都有你存在的身影。我们必须让老公明白,他的生命里,不论是家庭还是事业,你都是必不可少的一分子。只有这样,我们才能保证我们在老公心目中的地位。

辅佐老公的事业是每个妻子都该尽得义务,也是我们与老公贴近的妙方。不食人间烟火、每天生活在真空世界中的女人不是合格的妻子,只有能跟老公见并肩站在一起的女人才是现代男性理想的妻子人选。

支持男人的钱花在他喜欢花的事上

爱是纯洁的,爱的内容里,不能有一点渣滓;爱是至善至诚的,爱的范围里,不能有丝毫私欲。

——莎公爵夫人

女人对于财政上的把控常常让男人叫苦不迭。女人之所以限制男人的花钱数额,目的就是为了通过限制男人对金钱的把控来稳定自己的婚姻,但是能否达到预想的效果并未可知。因此,我建议广大的女性朋友们,做任何事情都要适度,虽然是为了维系自己的婚姻,但是也不能剥夺男人花钱的权利,支持男人把钱花在他喜欢的事情上,其实不光是为了满足男人的需求,还是为了向男人传达一个信息,那就是就算结婚了,男人同样可以有自由,不光是在日常事务上,还包括财政上。

"说,钱都花哪了?那天碰到小王,他说你的工资又上调了,还问我高不高兴,我还跟傻子一样的说根本不知道这件事。现在你又跟我说钱又花了,你到底还想不想好好过日子,房贷还没还完呢,你就把工资奖金全花到那些没用的上了,我看你眼里都没有这个家。""我是工资上涨了点,不过也没涨多少钱啊!我就去办了张健身卡,我喜欢健身你也知道,咱们结婚两年多了,我都没去过健身房,现在咱们手头不是宽裕点了吗。"

"健身卡?你不会去公园跑步啊,还换那么多钱去什么健身房,我跟你说你马上去健身房把卡退了,把钱全拿回来,要不你就别回来了。""办都办了,干吗退啊。再说了,那是我的工资,我最起码有支配的权利吧!""我告诉你,在咱家只有我才能自由支配金钱,你就只会把钱花在那些没用的东西身上,从今天起,你所有的工资必须全部上交,每天拿着吃午饭的钱就够了。"

相信很多女人都对自己的丈夫说过这些话吧!"别把钱花在那些没用的东西上,财政大权必须掌握在我的手里。"女人对家庭财政上的垄断是导致婚姻出现问题的一个主要原因,男人不满无法支配自己辛苦赚取的工资,而女人又常常用一大堆的家庭责任来堵住男人的口,比如说:孩子的学费、教育费用、日常开支、医药费、房贷和车贷等等。面对妻子的理直气壮和咄咄逼人,男人心中的怒气和不满只好被强压下去,一旦爆发,则很难收拾。

我认为,夫妻之间之所以为钱吵架,很大一部分原因是女人并不懂得如何让钱起到既服务于家庭又不影响夫妻和谐关系的作用。因钱爆发的战争数不胜数,如果不能很好的解决这一问题,那么由此引发的"后遗症"就难以治愈。因此女人首先要摆正好心态,支持男人把钱花在他喜欢的事上。为什么说婚姻关系需要协调呢?就是因为两性的在消费观、需求、生活习惯等方面都有巨大差异，如果强迫对方按照自己的意愿生活，一味的顺应自己的习惯和需求，那么婚姻生活必定会亮起红灯。

健身、旅游、游泳、爬山、聚会、打高尔夫，既然男人喜欢做这些事，那么与其披上"不支持、不理解"的帽子，到不如默许他看似不合理的举动。对男人的欣赏不光在于男人的能力和优秀的品质，还包括对他的认可，如果连他的一些癖好都无法接受，又怎能让夫妻关系在和谐愉快的气氛中发展呢？

有时候适当地"讨好"男人并不会损坏女人的尊严，相反还能有效地增进夫妻之间的感情，妻子的支持从很大程度上来说是对男人的一种认可和鼓励，我们常说夫妻之间应该相互理解和支持，这一系列至理名言都必须经过实际应用才能取得效果。

因此，在有的事情上女人不要过多的干涉，频繁的询问丈夫究竟把钱花在哪里了。有的女人虽然打着支持丈夫的旗号，但是却不断地追究男人花钱的细节，如果男人表示厌烦或者生气，女人则会理直气壮地说："我没有怪你乱花钱啊！我不过是想知道你到底把钱花在哪里了？我关心你也不行啊！"要知道正因为你的这种"关心"，才让男人产生反感的情绪支持并不是嘴上说出来的简单的两个字，而是从心态、行为、细节上展现出的女人的善解人意。

夫妻之间因为意见不同而产生分歧非常正常，这种分歧不仅体现在日常生活中的小事情上，还体现在一些重大决策上面。比如说，男人想要发展事业，要把一大笔资金投向某个领域，因为男人一直梦想着能在这个领域有所作为，并且成为一名成功人士，这个时候，他们的创业目的就不单单是为了名和利，更多的是为了理想和喜好。

但是，这个领域也许在女人眼里并没有多大的发展前景和空间，把这样一大笔资金投向一个女人认为没有发展的领域，她自然会竭力制止。当夫妻之间发生激烈的争执，男人认为女人不支持自己，不善解人意，女人认为男人太过固执。其实，婚姻生活并没有绝对的谁对谁错，几乎每对夫妻都是在挫折和平淡中度过的，给对方一个尝试的机会并不是一件坏事，尤其是男人的事业，给他一个机会，其实并不难。

所以说，女人要学会支持男人把钱花在他喜欢的事情上。不管这件事在你看来是大还是小，都学着给他一个机会。在不会造成损失的前提下，让婚姻弥漫着一片和谐与安宁。

男人喜欢且尊敬能和他分担的女人

> 婚姻的幸福并非完全建筑在显赫的身份和财产上,却建筑在互相崇敬上。这种幸福的本质是谦逊和朴实的。
>
> ——巴尔扎克

那天我问了老公一个问题,"在你们男人眼里,和什么样的女人相守一生是最幸福的?"老公依然把头埋在报纸里,说:"当然和自己爱的女人相守一生最幸福喽,不过两个人光有爱并不一定就会幸福。""爱不是能包容一切吗?只要两个人真心相爱,那么不管遇到什么事情都能克服。""可问题是,有的女人虽然爱你,但是她只愿意和你同甘,这样的爱情虽然也是美好的,但是却是自私的,男人需要的并不是一个能够锦上添花的女人,雪中送炭才是最让男人尊敬和欣赏的。"

一个是锦上添花,一个是雪中送炭,一个是分享快乐与喜悦,一个是分担苦难与忧愁。有句俗语说"夫妻好比同林鸟,大难临头各自飞",也许这句话很形象地反应了有些人的婚姻观,但是这却是对爱情的一种讽刺。分享和分担体现了不同的女人在婚姻中所担任的不同角色。对于男人来说,一个能够分担自己内心的压力和苦恼，在自己最无助、最低迷的时候，给予自己支持和帮助的女人是最值得珍惜和尊敬的。

过去的家庭模式是女主内、男主外，女人承担了所有的家务劳动，无需出去工作，这就是所谓的家庭主妇，而男人只需要安心赚钱养家，因为女人已经解决了所有的后顾之忧。在那个时代，女人的地位还远远不如男人，但是现代社会，女人的地位已经逐渐上升，家务劳动也渐渐的从女人手里转向男人。男人不仅需要忙工作，还会负担绝大部分的家务劳动，而女人也开始赚钱养家，甚至有的女人还能拥有自己的一份事业。这种变化直接导致了绝大部分的女性渐渐地把所有的责任和压力都堆在了男人的身上，而自己只需要坐享其成即可。我相信，抱有这种心态的女性并不在少数，这也是所谓的"管教男人的艺术"。不管是事业上，还是生活上遇到的痛苦和挫折全部让男人自己去承担，这不光是"锻炼"男人，更是社会的趋向所在。

我的一个同事最近刚结婚，但是却经常因为一点鸡毛蒜皮的小事引发争吵。为此她常常在办公室里抱怨自己的丈夫不爱做家务，而自己不得不承担了绝大部分的家务劳动，这让她觉得非常委屈。旁边的一位老大姐警告她说："男人千万不能惯，一惯就容易出事。就应该让他做所有的家务，这样才可以管得住他。"听到这位"经验丰富"的老大姐的话，这位女同事果真效法，采取了一系列软硬兼施的手段来迫使男人承担家务，没想到效果不错。

但是，最近却传来这位女同事要离婚的消息，原因就是她的丈夫认为自己的妻子平时只顾着享乐，不仅没有帮忙分担任何家务劳动，甚至在自己发展事业的过程中，最需要支持和帮助的时候，却袖手旁观，让自己独立去承担所有的困难和压力。再经过一番痛苦的抉择之后，男人决定提出离婚。

为什么说男人尊敬懂得和他分担的女人？就是因为这样的女人是真的体贴男人，懂得如何呵护男人。当一个女人把家庭和婚姻营造成男人栖息的港湾时，这个男人就会死心塌地的在这个港湾里生活。要知道，男人的坚强有时候其实是被社会、责任和女人逼出来的。如果男人不坚强，那么就无法给女人安全感，即使心中有再大的烦闷和忧愁，都必须自己去抗，否则又怎么能被称作是男子汉呢？正因为如此，男人往往不会主动分享心中的压力和苦闷，如果女人也对此听之任之，那么夫妻之间的感情必定会受到影响。

因此，女人要学会主动去帮助男人分担压力和忧愁，安慰他，鼓励他，帮他重新建立信心，并且给予他足够的支持和帮助。凡事学着站在男人的角度考虑问题，不要一味地在意男人创造的价值和利益，要知道，如果你关心的仅仅是钱和利益，那么你们的婚姻就已经蒙上了一层灰色。创造优越的生活条件已经不单单是男人一个人的责任了，尤其是现代社会竞争激烈，压力大，如果女人把所有的压力和责任都强压在男人一个人的身上，那么无疑会把男人压垮。就如现在很多女人的座右铭是"没房、没车就不结婚"。两个人一起创造的价值要远远大于一个人的奋斗和努力。和这样的女人生活在一起,男人才会感到快乐和欣慰。

相濡以沫、同甘共苦、不离不弃、白头到老这些词汇看起来是那样的温暖和浪漫,但是要想让这些词汇成为现实却需要两个人的共同努力。有的女人总是混淆分担和分享所代表的意义和性质。分担说明女人懂得体谅男人的压力与责任,愿意和男人一起承受将要面临的苦难。分享说明女人懂得索取,但是并不一定懂得付出。对于男人来说,一个愿意和自己分担的女人,不光是值得深爱的,更加值得尊敬。